中國錫器珍賞

张景龙 著

形而上者谓之道　形而下者谓之器

文物出版社

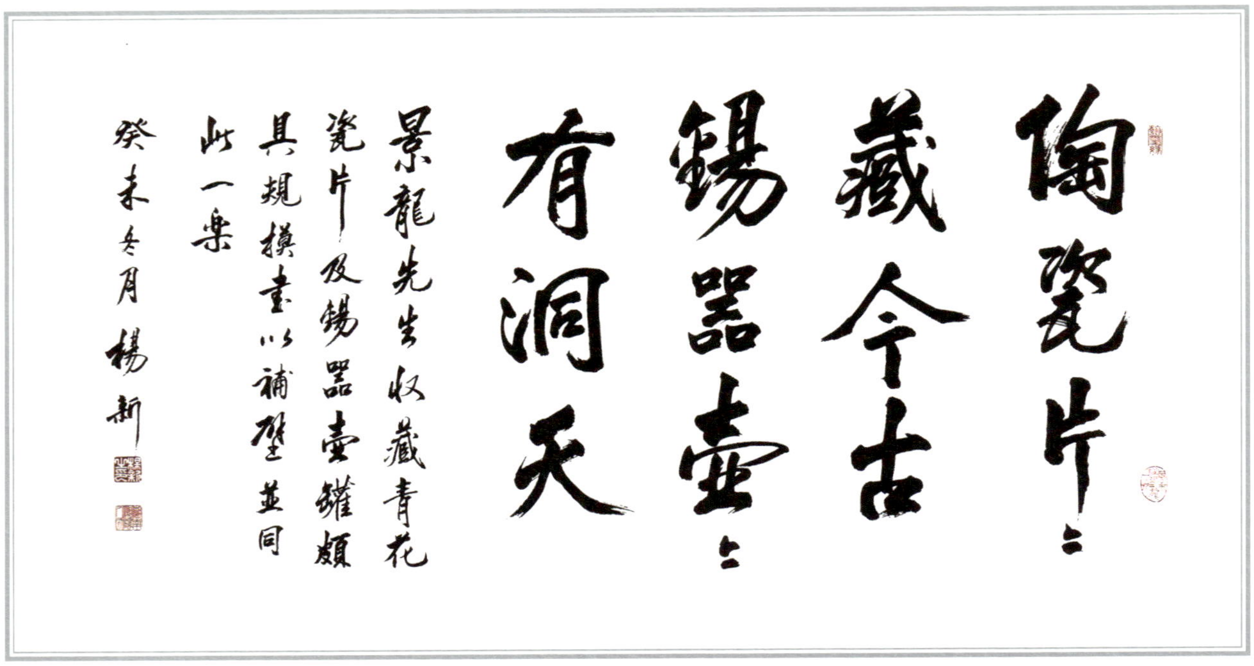

原故宫博物院常务副院长 杨新

中國錫器珍賞

楊新題

作者简介

张景龙

中国锡器研究会副会长、北京收藏家协会会员。原北京嘉源置业投资有限公司副总经理，中国锡器资深收藏专家，历时二十余年，收藏了全国范围内各类珍贵锡器七百余件。先后获中央电视台、北京电视台、中央人民广播电台、北京人民广播电台、法制晚报等多家媒体报道。

杨新序

我认识張景龙先生，缘於一次偶然机会。那是數年前，在和杜富全兄闲聊天時，谈起家里住房紧張，杜兄说京郊怀柔房价便宜，他有一位朋友在那里有房子要出售，可以去看看。這位朋友就是張景龙，结果房子没买成，我们却成了好朋友。

張景龙为人耿直、热情，乐於助人。业余時间，喜好文物艺术品收藏，一有空便去古玩市場蹓跶。我问他喜欢哪类藏品。他说：“古书画陶瓷，价格太贵，收藏不起，只是檢些小玩意儿，要不您抽空去看看。”我去看了，一進门，满几、满桌、满墙，琳琅满目，美不胜收。虽说是些“小玩意儿”，但也非同凡响。他的收藏主体分两类：一类是陶瓷碎片，以青花为多，明、清各朝均有；另是錫器，种类繁多，以壶为主。這两类文物艺术品，虽然不是价值连城，但已自成体系，大有可观。当我一件一件地欣赏時，老张就一件一件地讲解。於收藏经过，於赏鑑心得，於器物造型，於花纹图案等々，娓々道来，有板有眼，津々有味，乐在其中。显然，他不只是痴迷，而且已是這方面的專家了。他見我的兴趣也十分浓厚，就指着一块空出来的墙面說：“這是專门给你留的，能不能对我的收藏题个词挂在這里？”我说“行”。就写了两句话送他：“陶瓷片片藏今古；锡器壶壶有洞天。”沒想到三年之后，他不但新增加了许多藏品，而且还將其中的锡器部分，整理著録成书，准备出版。

老张对锡器情有独钟，缘於对家傳的一只锡壶的深厚感情。老張說，他小時候見奶奶还在使用這只壶。至於是什么時候進入家门的，他也說不清。但是只要一見到它，奶奶慈祥的面容就会浮現在他眼前，和谐、温馨的童年使他怀念不已。当古玩市場活跃起来之后，老張也有了生活节省的余钱，於是便去找与之同类的藏品。不想這一找越找越多，一发不可收拾。

不但找出了许多不同花色品种，而且还找出了它们的来龙出脉、历史发展渊源。

在当前文物艺术品收藏热中，人们有各种心态。或曰"投资"，或云"保值"。或求利於眉睫，或为子孙后世谋，不一而足。是故，财力雄厚者，专拣名贵品种，赀财稍薄者，总想市場中捡个漏儿。在我和老張的接触中，感觉到他有异於此。於文物艺术收藏上，他是既重於"器"，但更重於"道"。《易》曰："形而上者谓之道，形而下者谓之器"。器、道本为一体。一件小小的文物，其所包含的历史信息量，就在於对它的研究，除其形制和图案花纹直接给我们以美的享受之外，它还包含有一定的思想内容，可以观风俗，察民情，究世变。而在其工艺的制造过程中，能工巧匠的聪明才智，所包含的科学信息和物质文明的发展，则又是一番景象。昔人云："文以载道"。那是直接把思想用文字形式凝固下来，真正载道者应当说是器，只不过它在形之上，这要靠我们去研究、去体会。我看到老张捧着他的宝贝，那种高兴的心。此时也，一切皆忘，唯有感觉到人生的充实和满足，这不就是"得道"了么！

老張是北京某房地产公司的副总经理，平時工作十分忙碌，甚至连公假時间也不得休息。但只要有空閒，他就到市場上去转悠，或寻找有关資料，对藏品作揣摩研究。在行内已小有名气，不但是中國文物学会会员，北京收藏家协会会员，而且还担任中华商会錫器研究会副会长。這本书的出版，是他多年从事收藏的一个成果和总结。我除了向他表示祝贺之外，也为他高兴，故乐为之序。

2009年6月5日灯下

朱大可 序

器物的生动之美

张景龙先生做了一件了不起的事情，就是锡器收藏！

在我的观念里，收藏从来不应以拍卖价格去评估它的价值和意义！收藏的价值应该有更美好的注解。

首先是文化的触摸。文化是民族的血统，而收藏让我们可以很从容地将我们的人文进行历史的切片，伸手即触。在当下鉴定师眼里，一个器物常常习惯性地被估值，而在收藏家手里，一个器物是记录一段历史和生命场景的芯片，上手触摸的是其曾经的沧海桑田！张景龙一直默默地在干着一件不能搏名争利的事，他把二十余年的心血和热情倾注到了中国锡器的收藏和研究上，才让我们今天可以更加从容地领略中国器物的艺术造诣和博大精深。

还有一种思考，虽然没有答案，却是有益的。凝视一个物件，其用途总是稀松平常，甚至不乏简陋，但是犹如当初制作它的主人，平凡却透出不寻常的气度和人性，这是工业化的产品无法比拟的，传统手艺成为了宝贵的遗产。精神和物质，是交错发展还是各自生长，让我们能更好地反思！也让我们不得不更加珍惜我们曾经拥有的不可复制的审美文明。

收藏有很多选择，有人崇尚帝王官宦的重器宝物，而张景龙却偏爱看似寻常的一锡一器，并且独成体系，深入这诸多的锡器藏品，没有哗众取宠的浮夸，只有质朴、敦厚和绵长的余香！和“国学”一样，人们总习惯把珍贵的文物都冠以“国器”的称号，其实相比被赋予政治意图的器物，寻常百姓的“玩意儿”反倒更加生动，表达和叙事更加丰满而具有人性！

前言

《中国锡器珍赏》一书得以出版，是一件令人振奋的好事，一则这本书可以填补中国锡器收藏方面的出版稀缺，再者，作为企业也十分欣赏和敬佩公司同事张景龙先生的儒雅情怀和审美追求，因此祝贺本书的出版！

《中国锡器珍赏》仅收录了张景龙先生的部分珍贵藏品，但这些藏品无论是在年代、造型，还是在款识及其他各个方面，均具有很高的收藏价值与研究价值。更值得一提的是，张先生花费了十七年之久收集的这些锡器藏品涵盖了各种器物，诸如壶具、盛器、化妆盒、文房具、食用具、陈设品、供具、牌匾等等，可以称得上是中国锡器收藏的集大成者！希望本书的出版，能为中国锡器收藏爱好者提供一份丰富的资料及权威性的参考，共同在藏品的鉴赏中分享到收藏的快乐！

张景龙先生在我公司长期从事房地产方面的工作，建筑和锡器收藏有着共通的魅力，那就是两者都是一种凝固的艺术，是一种可以传承的美！锡器除了文博方面的收藏价值，对企业来说，更多的是一种艺术审美和文化精神层面的需求，也是深入中国先人传留下来的各种器物，审视凝聚到一器一物上的文化和人文情怀的需要。无论是建筑还是锡器收藏，我们都能从中得到一个共同的启示：我们的生活是可以更加富有创意和欢乐的！

北京嘉源置业投资有限公司董事长　胡陆军

目录

概述

公元前2000年—前1500年夏、商、周时期，中国古代人用金、银、铜、锡、铁五种有色金属中的铜与锡制成合金，创造发明了世界著名的青铜器。而与之相关的制造工艺及锡铜工艺制品被称为“铜锡文化”。反之以锡为主材，渗入一定比例的铜，就能制作成器物，这就是锡器。对应的制造工艺及工艺制品被称为“锡铜文化”或“点铜文化”。当然锡还可以和银、铅等制成合金。其发明史应与青铜器同期，甚至早于青铜器。由于锡材质软，容易腐蚀，零下13度以下还会生锡疫，到零下30度时还会自动粉化，所以很难从出土物品中挖掘出完好的锡器。

河南殷墟、云南楚雄及湖南、陕西等地都先后出土过一些锡制品，包括唐代法门寺地宫出土的锡杖等等。现在能见到的基本为清代至民国时期的传世品。2009年河南道口地区一座清代墓穴中出土了一套供器，比一般5件供器多了2件，有7件供器，比常用供器小得多，明显是为亡者在阴间准备的上供用具。无款识，做工较粗糙，腐蚀严重，有可能就是当时道口地区工匠制作的。

道口是中国两大锡器产地之一，在中国地图册上被列为河南省著名传统产品出产地。其锡器1914年参加过在美国旧金山举办的万国商品大赛，由此声名鹊起。据该县县志记载：清乾隆年间，山西洪洞县一刘姓老艺人，在道口开设“同太”号锡店，生意兴隆，广收徒弟，门徒多达数百人，分支出若干锡器店铺。旧时，来道口的游人，以吃烧鸡、买锡器为两大乐事。另一锡器盛产地为广东潮阳汕头。曾经号称“南有潮阳锡、北有道口锡”，但均于民国后期淡出市场。

现在广东潮阳、河南道口、浙江永康等地还有个别匠人的后代，仍延续着祖传的手艺，小批量地制作锡制品，但手艺已大不如前了。云南个旧，以及马来西亚、泰国等现在生产的锡器，均属机械化或半机械化的工艺品。

■ 锡器造型

锡与铜制成合金后，材质有了一定的硬度，但不失柔软性，延展性好，所以比其他金属更容易塑造。因此，锡制品的造型种类非常多，千奇百怪，数不胜数，堪称丰富多彩；在造型上，吸取了各个朝代的青铜器、陶器、瓷器、紫砂等特点，融汇成了自身独有的造型。

■锡器种类

1. 壶及壶具。

2. 餐食具。

3. 盛具。

4. 化妆具。

5. 文房具。

6. 供具。

7. 烟枪具及其他用具。

■ 锡器优点

锡铜合金无毒无味，使用锡器储存茶叶、干鲜果品、药品、水等，均能起到保鲜防腐的作用。使用锡茶壶喝茶、锡酒壶喝酒、锡餐具吃饭、锡水具煮水、锡火锅吃涮羊肉均能最大限度地保持原汁原味。当今用铜火锅吃涮肉，锅肚内包括锅盖内全都镀上了一层锡，可见锡器非常有利于提升食物的口感。甚至用锡花洒浇花，花都会开得格外鲜艳。先前，包香烟、包巧克力糖用的都是超薄的软锡纸。总之，锡制品的使用效果可称得上：盛水水清甜，盛酒酒香醇，储茶不变味，洒花花长久，涮肉格外鲜。

锡制品在20世纪中后期退出历史舞台的主要原因是社会发展了，铝、搪瓷、胶木、塑料、橡胶等相对廉价材料的出现，导致锡制品逐步被替代。至于锡有毒的说法是不正确的；锡质不纯，含铅才会产生毒。

■ 锡器表面的手工纹饰工艺及其文化内涵

1. 用小空心冲錾联珠纹工艺体现图案。

2. 用刀刻划工艺体现图案。

3. 用錾和刀刻划两种结合工艺体现图案。

4. 用翻砂铸造工艺体现图案。

5. 用翻砂镂空工艺体现图案。

6. 用堆料焊接工艺体现图案。

7. 用冲压工艺体现图案。

8. 用嵌铜、鎏铜、鎏金工艺体现图案。

9. 用描金彩绘工艺体现图案。

以上工艺体现出的图案纹饰全部系中国传统文化的典范，例如戏曲人物、八仙人物、暗八仙、八吉祥、梅兰竹菊、五蝠捧寿、喜鹊登梅、山水楼阁人物、山水花鸟、狮子滚绣球、麒麟送子、观音送子、二龙戏珠、龙凤呈祥、莲生贵子、和合二仙、渔樵耕读、姜太公钓鱼、竹林七贤、携琴访友、状元及第、福禄寿三星、阴阳八卦、皮球花、各种诗词等等。

■ 锡器其他工艺

1. 椰壳包锡，并在椰壳上雕刻图案。

2. 穿山甲壳贴锡。

3. 木包锡、藤皮包锡、大漆包锡、剔红包锡、锡包木、锡包紫砂、锡包石。

4. 镶嵌宝石、料珠、贝壳、玳瑁、玻璃、纸画、竹子、铜。

■ 锡器款识

锡器款识中很多能体现出产地、店号、商业信誉、质量保证、材质、制作人等等。带朝代款的极少见，带公元款的至今未见，带六十甲子纪年款的多刻在诗篇或画幅上。具体款识如下：

● 以地区分类

1. 广东：潮阳、颜和顺、正老店、店住汕头、真不二价、真料点铜、正双料点锡、净水、贺锡，潮阳、颜吉兴、汕头怀安街、真料点铜、英文款（当年出口定制），汕头、永义和、广东省城、真料点铜，潮阳、颜义和、隆记、真料点锡，茶阳、义和、老店、真料点铜，肇城、三星、贺锡，净水肇庆、铨新。

2. 福建：漳州、吉和漳州、义丰，福省、东牙巷益兴、点铜，福省、叶华来、仙塔街。

3. 河南：道口、裕盛、点铜道口，兴盛、点铜道口，聚盛道口，同盛道口、义聚、点铜，道口、合聚道口，万聚道口，万圣道口广胜刘家老店，点铜道口，广兴隆造。

4. 湖南：湖南省坡贵街、祥泰锡号，湖南省坡子街、同和锡号、净点、包用，湖南省坡子街、同仁锡号，湖南省坡子街、马宝和、净点包用，湖南省理间街、马顺和，永州，永茂永州，华湘公司，衡州、瑞珍斋。

5. 北京：北京前门打磨厂万昌兴号，北京前外打磨厂，前门打磨厂杨、前门牌楼路东、合义号、点铜，前门外打磨厂万昌号，前门珠市口、万泰德崇文门外木厂胡同、久远号造。

6. 天津：天津、聚三合、点铜。

7. 浙江：温州、三泰铜锡、点铜，硫城、郑宝泰造，浙瓯、同兴、足点、不真包换、公厢口。

8. 江苏：泰州、姚万和造，宜兴、江之云制。

9. 重庆：重庆、曹曾店。

10. 四川：成都、天福祥造，蓉城、净点、包用、正科甲巷、源耀盛记。

11. 辽宁：奉天省、太清宫、乙丑三、傅式钵、小北关。

以人名分类

1. 王师师造。
2. 张源茂造。
3. 张永盛造。
4. 张德升自造。
5. 杨泰兴造。
6. 左宏茂造。
7. 王义盛造。
8. 王国发造。
9. 尹太来造。
10. 谈涌茂。
11. 祥盛德造。
12. 刘正大造。
13. 全兴城造、徐勤盛造。
14. 高广泰造、杨纪楚造。
15. 宋合义造。
16. 任裕茂造。
17. 广兴真造。
18. 江之云制。
19. 陈汉记造。

以年号分类

1. 大清乾隆年造。
2. 光绪丙申七月。
3. 丁酉年置、宝静斋宋记。
4. 丁亥朝、癸亥冬月、孙耀亭置。
5. 辛丑年春、琴材置。
6. 乙酉丰庚辰月、乙未 × 月。
7. 时在己巳仲夏月。
8. 正元五年。

● 以广字头商号分类

1.潮阳、广顺号造，广顺号造、点铜。

2.潮阴、广发。

3.广明，广明、净水，广明本记，广明公记。

4.广锡公记。

5.广信。

6.广友、点铜。

7.广茂。

8.广闫。

“广”字打头的这8个字号，基本为广东潮汕分支出来的，有可能是兄弟8人各自生产的锡器。

● 以其他商号分类

1.周鸿记、点铜。

2.镇兴恒造。

3.德利昌造、点铜。

4.义成厚造、点铜。

5.东万义号、点铜。

6.公顺长记。

相比之下，这6家字号虽然看不出产地，但从制作的产品来看几乎都是精品，想必也是当时的名牌店号。

综上所述，这些精美的锡器，充分体现了我国劳动人民的智慧和对美的永恒追求与理念。这些器物均不是平民百姓所能使用得起和拥有得起的，一定是达官显贵、富豪人家、文人雅士赏玩享受之珍品。

壶及壶具

009

名称：四棱四倭角四开窗形嵌铜花鸟纹提梁壶

尺寸：高 20cm

年代：明

010

名称：
方起鼓形双耳錾花卉纹水温式执壶

尺寸：
高 16cm

年代：
明

011

名称：六方起鼓双桃纽形执壶

尺寸：高 18cm

年代：清

012

名称：八角开窗形嵌铜人物瑞兽游走纹提梁壶

尺寸：高20cm

年代：清

款识：尚邑、周新昶造

名称：八角开窗形嵌铜人物八宝纹提梁壶

尺寸：高20cm

年代：清

款识：潮阳、永义和、广东省城、真料点铜、净足

名称：方倭角形刻文字花卉纹提梁壶（套）

尺寸：高14cm　年代：清　款识：湖南省坡子街、铜仁锡号、净点、包用

名称：八角起凸形嵌铜八仙人物纹提梁壶

尺寸：高13cm

年代：清

款识：王师制造

016

名称：八角起凸形嵌铜八仙人物纹提梁壶

尺寸：高10cm

年代：清

款识：广明、点铜

017

名称：筒形錾花鸟纹提梁壶

尺寸：高13.5cm

年代：清

款识：道口、合聚、点铜

名称：方抹角形嵌铜币纹执壶

尺寸：高 9cm

年代：清

款识：聚元老店

名称：筒形錾人物文字纹提梁壶

尺寸：高9.5cm

年代：清

款识：潮阳、颜奕和、老店、分开汕头、真料点铜

名称：木榴包锡形执壶

尺寸：长 23cm

年代：清

款识：道口、裕盛、点铜

名称：扁方形嵌铜福寿文字人物纹执壶（对）

尺寸：高22.5cm

年代：清

022

名称：清官帽形执壶

尺寸：高 10cm

年代：清

款识：周鸿记、点铜

023

名称：琵琶形吸管壶

尺寸：高 42cm

年代：清

壶身款识：广隆

壶座款识：大十字万记

名称：长方形双壶刻文字花卉纹水温式提梁壶　尺寸：高22cm　年代：清

款识：住潮城、不二价、杨仪和顺记、包换正点锡、二两一钱五分

名称：鱼形吸管壶

尺寸：高 26cm

年代：清

款识：瑞城、皆吉足点

名称：圆火锅三足形五人用水温式提梁壶

尺寸：直径 30cm

年代：清

款识：道口、聚盛、贺锡

027

名称：葫芦形镶宝石贴花鸟纹水温式执壶

尺寸：高17.5cm

年代：清

款识：杭城、郑宝泰造

名称：圆形嵌铜麻姑献寿纹水温式壶

尺寸：直径 44cm

年代：清

款识：潮阳、颜和顺、正老店、店住汕头、真料点铜、英文款

名称：扁方形六面开窗镶玻璃压纸画执壶

尺寸：高30cm

年代：清

款识：潮阳、颜永利、真料点铜

名称：八角形八面开窗镶玻璃压纸画执壶　尺寸：高30cm　年代：清　款识：潮邑、永顺、真料点铜

备注：此壶为出口阿拉伯国定制观赏品　英文款中标注：不可使用、因材质含铅有毒

名称：六角起凸形錾花鸟纹提梁壶

尺寸：高12cm

年代：清

款识：道口、聚盛、点铜

名称：鼓墩形剔红包锡水温式提梁壶

尺寸：直径 9cm × 高 8cm

年代：清

款识：东万义号

名称：八角起凸形嵌铜人物纹提梁壶

尺寸：高13.5cm

年代：清

款识：道口、聚盛、点铜、贺锡

名称：穿山甲壳贴锡吸管壶

尺寸：长 22cm

年代：清

035

名称：圆五面起凸形嵌铜人物纹提梁壶

尺寸：高 11cm

年代：清

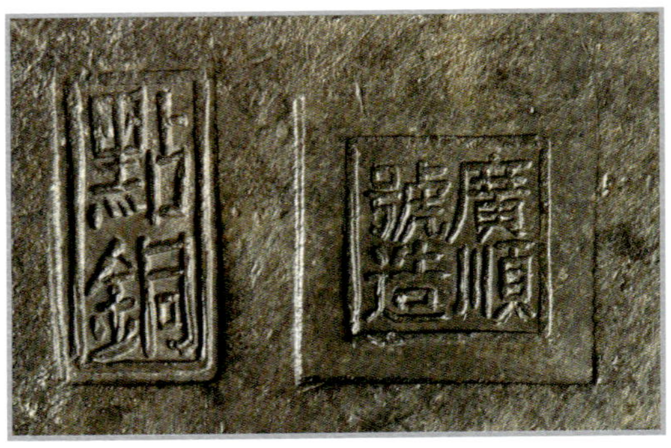

名称：葫芦形水温式执壶

尺寸：高35cm

年代：清

款识：广顺号造、点铜

037

名称：竹节纹束颈形提梁壶

尺寸：高18cm

年代：清

款识：义成厚造、点铜

名称：长方形刻人物文字山水纹提梁壶

尺寸：高12cm

年代：清

款识：登龙街、联兴斗锡

名称：方倭角形嵌铜花鸟纹提梁壶

尺寸：高 28cm

年代：清

款识：三德店记

040

名称：圆形錾花卉纹提梁壶

尺寸：高27cm

年代：清

款识：尹太来造

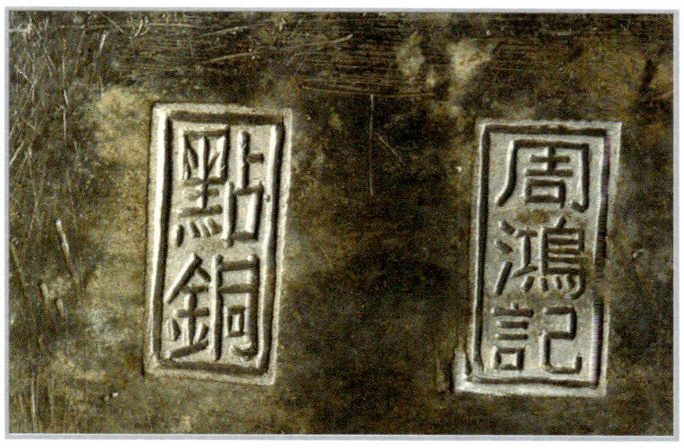

名称：树叶形执壶（对）

尺寸：长23cm

年代：清

款识：周鸿记、点铜

042

名称：圆形竹节纹执壶

尺寸：高 9cm

年代：清

款识：永义合造

043

名称：圆形橘瓣纹提梁壶

尺寸：高18.5cm

年代：清

款识：道口、裕盛

044

名称：半月形竹节纹执壶

尺寸：高 8cm

年代：清

款识：镇兴恒造

045

名称：抱月形双耳执壶

尺寸：高17cm

年代：清

款识：潮阳、联顺、净足

名称：葫芦形提梁壶

尺寸：高26.5cm

年代：清

款识：万成锡店、点铜

名称：内藏流式錾花卉纹提梁壶

尺寸：高 8cm

年代：清

款识：杨裕兴、真足点、府头门、不真包换

048

名称：圆形竹节纹玉纽执壶

尺寸：13cm

年代：清

款识：德利昌造、点铜

049

名称：扁六方倭角形提梁壶

尺寸：高17cm

年代：清

款识：义成厚造

050

名称：桶形提梁壶

尺寸：高17cm

年代：清

款识：道口、裕盛、点铜

051

名称：瓜棱形执壶

尺寸：高 17cm

年代：清

款识：德盛锡局

名称：圆形盖式八卦壶

尺寸：直径23cm

年代：清

款识：义成厚造

备注：带盘、盖

053

名称：僧帽形执壶

尺寸：高11cm

年代：清

款识：道口、裕盛、点铜

名称：竹节形提梁壶

尺寸：高16cm

年代：清

款识：东万义号、点铜

055

名称：圆束颈形竹节纹执壶

尺寸：高15cm

年代：清

款识：瑞城、皆吉足点

名称：圆束颈形錾暗八仙纹提梁壶

尺寸：高22cm

年代：清

款识：道口、裕盛

057

名称：六角起凸斗形刻文字花卉纹提梁壶

尺寸：高10cm

年代：清

款识：公顺长记

名称：斗形嵌铜文字纹二镶执壶

尺寸：高 15cm

年代：清

059

名称：竹节形刻文字兰花纹煮茶温酒二镶执壶

尺寸：高 21cm

年代：清

名称：筒形錾花鸟纹提梁壶

尺寸：高 16cm

年代：清

款识：公顺长记

061

名称：鸭子形提梁壶

尺寸：高 9cm

年代：清

款识：前门外打磨厂万昌号

062

名称：圆形嵌铜八仙人物纹提梁壶

尺寸：高 11cm

年代：清

款识：羊市街、泰和永记、崔

名称：鼓墩形刻文字花卉纹壶

尺寸：高7cm

年代：清

款识：肇城、三兴、点铜

064

名称：方斗倭角形镶宝石贴蝶花叶纹提梁壶

尺寸：高 18cm

年代：清

款识：长顺号

名称：方倭角形錾刻鱼寿纹执壶

尺寸：高18cm

年代：清

款识：漳州、泉和、点铜

066

名称：方起凸形嵌铜开窗人物花卉纹执壶

尺寸：高 15cm

年代：清

名称：扁方倭角形嵌铜人物纹提梁壶

尺寸：高 22cm

年代：清

068

名称：磨盘形壶

尺寸：高13cm

年代：清

款识：东万义号、点铜

名称：六角形嵌铜花鸟纹提梁壶

尺寸：高12.5cm

年代：清

款识：潮阳、颜和顺、正老店、店住汕头、真料点铜

名称：扁方倭角形錾博古花卉纹提梁壶

尺寸：高17cm

年代：清

款识：公顺长记

名称：圆形嵌铜文字梅花纹提梁壶

尺寸：高9cm

年代：清

款识：发利号、富桥、正点铜

名称：梨形提梁壶

尺寸：高 12cm

年代：清

073

名称：鼎式三足刻币寿纹执壶

尺寸：高 12cm

年代：清

名称：圆形竹节纹执壶

尺寸：高 9cm

年代：清

款识：道口、裕盛、点铜

名称：木瓜形执壶

尺寸：高18.5cm

年代：清

款识：张利臣记

名称：束颈形橘瓣纹水温式提梁壶

尺寸：高8cm

年代：清

款识：道口、广义、点铜

077

名称：荷花形提梁壶
尺寸：高 17cm
年代：清
款识：道口、裕盛

078

名称：圆束颈形带杯执壶

尺寸：高7cm

年代：清

款识：不清

名称：鸭子形提梁壶

尺寸：长24cm

年代：清

款识：潮阳、颜和顺、正老店、店住汕头、真料点铜、真不二价

名称：荸荠形刻文字花卉纹提梁壶

尺寸：高6.5cm

年代：清

款识：郑兴顺记

081

名称：橘瓣形錾团花房纹提梁壶

尺寸：高 8cm

年代：清

款识：潮阳、颜奕和、老店、分开汕头、真料点铜

082

名称：荷花形提梁壶

尺寸：高13cm

年代：清

款识：不清

083

名称：圆形錾龙凤捧寿纹提梁壶

尺寸：高16cm

年代：清

款识：道口、裕盛

名称：圆束颈形炭温式执壶

尺寸：高10cm

年代：清

款识：道口、裕盛

085

名称：扁蝶形嵌铜花卉纹提梁壶

尺寸：高16cm

年代：清

款识：义成厚造、点铜

名称：将军帽形倒流式执壶

尺寸：高 16cm

年代：清

款识：广顺号造

087

名称：圆束颈形刻人物龙纹炭温式执壶

尺寸：高 15cm

年代：清

088

名称：瓜棱形水温式提梁壶

尺寸：高9.5cm

年代：清

款识：道口、合聚、点铜

089

名称：六角钟形錾花卉纹执壶

尺寸：高17cm

年代：清

款识：潮阳、颜吉利、店住汕头、真料点铜

090

名称：四棱四圆角形水温式提梁壶

尺寸：高9.5cm

年代：清

款识：道口、点铜、裕记、包换

名称：圆束颈形竹节纹执壶

尺寸：高 9cm

年代：清

款识：广顺号造

092

名称：方倭角形錾花卉纹水温式提梁壶（套）

尺寸：高 12cm

年代：清

款识：道口、合记、点铜

093

名称：葫芦形双耳水温式执壶

尺寸：高26.5cm

年代：清

款识：德利昌造

名称：方起凸形錾花卉纹提梁壶

尺寸：高14cm

年代：清

款识：广友

095

名称：八棱形炭温式执壶

尺寸：高 15.5cm

年代：清

款识：广顺号造

096

名称：六倭角形玉纽刻文字山水花卉纹执壶（对）

尺寸：高 16cm

年代：清

097

名称：圆束颈形燃油式小执壶

尺寸：高 13.5cm

年代：清

名称：扁葫芦束颈形錾人物花鸟纹执壶

尺寸：高24cm

年代：清

099

名称：扁葫芦束颈形錾花鸟纹执壶

尺寸：高 35cm

年代：清

名称：火锅形温酒温菜壶

尺寸：高 33cm

年代：清

名称：石榴形倒流式执壶

尺寸：高 12cm

年代：清

名称：唢呐形倒流式吸管壶

尺寸：高40cm

年代：清

款识：东万义号、点铜

名称：圆束颈形执壶

尺寸：高 10.5cm

年代：清

款识：左宏茂造

名称：桃形倒流式执壶

尺寸：高 11cm

年代：清

105

名称：多穆形壶

尺寸：高19cm

年代：清

名称：花蓝形錾花卉纹提梁壶

尺寸：高 16cm

年代：清

款识：广明

名称：地球形水湿式壶

尺寸：高16cm

年代：清

款识：道口、裕盛、点铜

名称：葫芦形执壶

尺寸：高21cm

年代：清

款识：道口、广盛、刘家老店、点铜

备注：此壶为双腔壶，一壶为装毒酒之用

109

名称：方起凸形錾花卉纹执壶

尺寸：高 13cm

年代：清

款识：德利昌造

名称：束颈形倒流式提梁壶

尺寸：高22cm

年代：清

款识：周鸿记

111

名称：扁葫芦双象耳形錾人物花卉纹吸管壶

尺寸：高18cm

年代：清

款识：周鸿记

名称：扁方形錾喜鹊登梅纹提梁壶

尺寸：高16.5cm

年代：清

款识：义成厚造

名称：双柿双流双执形执壶

尺寸：高13cm

年代：清

款识：明诚

名称：六角形倒流式带杯提梁壶
尺寸：高19.5cm
年代：清
款识：万成号造

名称：方倭角形刀划人物山水纹水温式提梁壶　尺寸：高11.5cm　年代：清　款识：雪涛、骒马市大街公辰号造　备注：刀划工艺在中国锡器中极为罕见

116

名称：

瓜棱葫芦形倒流式执壶

尺寸：

高 27cm

年代：

清

款识：

东万义号

117

名称：扁葫芦形刀划人物山水纹吸管壶

尺寸：高17cm

年代：清

款识：辛丑年仲春、琴材置

名称：方倭角形刀划亭台楼阁梅兰竹菊石纹水温式提梁壶　尺寸：高12cm　年代：清　壶面款识：刻瑶山仁兄清玩、愚弟子良特赠　壶底款识：骡马市仁义和锡器店、点铜

名称：扇面形錾鸟狮花卉纹提梁壶

尺寸：高 15cm

年代：清

款识：广信

名称：卷缸形煮茶温酒双蝶耳大壶

尺寸：高40m

年代：清

款识：真不二价、广友、净水、点铜

名称：绣墩形錾刻花卉纹水温式提梁壶

尺寸：高6cm

年代：清

款识：广明、真不二价、点铜

名称：火锅鱼形錾刻文字纹水温式壶

尺寸：高28cm

年代：清

款识：潮阳、颜和顺、正老店、店住汕头、真料点铜、真不二价

名称：琴形刻文字博古纹执壶

尺寸：高18cm

年代：清

款识：恒义子号、点铜

124

名称：圆青铜器形刻金文玉纽水温式执壶

尺寸：高12.5cm

年代：清

款识：潮阳、颜和顺、正老店、店住汕头、真料点铜、真不二价

名称：方青铜器形刻山水花卉纹水温式壶

尺寸：高20cm

年代：清

款识：浙瓯、同兴、足点、不真包换、公厢口

名称：圆形椰壳包锡刻寿字杂宝纹茶酒壶

尺寸：高9cm

年代：清

款识：潮阳、颜义和、老店、点铜

名称：荸荠形椰壳包锡刻寿字纹提梁壶（套）

尺寸：高13cm

年代：清

款识：永昌

名称：圆形滕皮包锡执壶

尺寸：高 11cm

年代：清

款识：周鸿记、点铜

名称：圆形錾人物花鸟纹提梁壶

尺寸：高 15cm

年代：清

款识：道口、广兴隆造

名称：梨形包紫砂刻文字兰花纹二镶执壶

尺寸：高10.5cm

年代：清

壶身款识：少山

壶内款识：潘陈堂

名称：圆形大号炭火煮开水执壶 尺寸：高 70cm 年代：清

名称：錾花鸟纹壶具（套）

尺寸：尺寸不一

年代：清

款识：潮阳、颜吉兴、汕头怀安街、真料点铜、英文款

133

名称：锡包紫砂圆锥形加彩开窗人物山水花卉纹提梁壶

尺寸：高16cm

年代：清

款识：杨纪楚造

名称：竹节形二镶玉锡包砂提梁壶

尺寸：高16cm

年代：清

壶身款识：永泰造

壶内款识：袁苍林制

名称：圆束颈形镶青花瓷福寿纹执壶

尺寸：高 11cm

年代：清

名称：橘瓣形锡嘴包紫砂提梁壶

尺寸：高 14cm

年代：清

款识：宜兴、江之云制

137

名称：汉方形锡包紫砂加彩文字竹纹执壶

尺寸：高20cm

年代：清

款识：不识

名称：方形粉彩瓷人物纹三镶锡执壶

尺寸：高10.5cm

年代：清

139

名称：竹节形紫砂三镶锡执壶

尺寸：高10cm

年代：清

盖内款识：溪泉

140

名称：圆形镶锡嘴紫砂提梁壶

尺寸：高 18cm　年代：民国　壶盖款识：豫丰

壶底款识：掠工定烧、宜兴澄浆紫砂、竹林居士监造

名称：圆形锡嘴包紫砂提梁壶

尺寸：高12cm

年代：民国

款识：宜兴紫砂

名称：圆形锡嘴包紫砂提梁壶

尺寸：高 14cm

年代：民国

款识：营口、福康

名称：圆束颈形执壶

尺寸：高 10.5cm

年代：民国

款识：天圆宝福

餐食具

145

名称：荷叶形双耳双兽三足火锅

尺寸：高 17cm

年代：明

劉正
大造

名称：方形火锅

尺寸：高 16cm

年代：清

款识：刘正大造

名称：圆形錾花鸟纹火锅

尺寸：高 19cm

年代：清

款识：全兴城造

名称：圆形双耳三足式火锅

尺寸：高14.5cm

年代：清

款识：福鼎、曹源兴号

名称：八角起凸形火锅

尺寸：高 15cm

年代：清

名称：六角形嵌铜花鸟纹火锅

尺寸：高 14cm

年代：清

名称：椭圆鸡形双耳镶宝石刻文字纹鱼翅煲

尺寸：高16cm 年代：清 款识：潮阳、颜德义、正老店、店住汕头、正庄点锡、真不二价

名称：圆形双耳錾文字花鸟纹汤煲

尺寸：高18cm

年代：清

款识：老德泰造、净点

154

名称：圆形双提梁六面开窗錾花鸟纹汤煲

尺寸：高11cm

年代：清

款识：净点、包用

名称：圆形双提梁錾刻文字团花纹汤煲 尺寸：高13cm 年代：清 款识：潮阳、颜奕和、老店、分开汕头、真料点铜

名称：梅花形双提梁刻文纹汤煲

尺寸：高15cm

年代：清

款识：潮阳、颜文和、正老店、真料点锡

名称：圆形双耳镶宝石刻文字纹汤煲

尺寸：高16cm

年代：清

款识：潮城、春记、包换点铜

名称：桃形双提梁刻文字纹汤煲

尺寸：高11.5cm

年代：清

款识：潮阳、颜吉利、店住汕头、真料点铜

名称：圆形錾寿字花卉纹碗　尺寸：直径 10cm　年代：清　款识：潮阳、颜和顺、正老店、店住汕头、正庄点锡、真不二价

名称：**圆形椰壳包锡碗**（一套5只）

尺寸：**直径 9cm**

年代：**清**

碗内款识：**潮阳、颜和顺、正老店、店住汕头、真料点铜**

名称：四圆形双提梁錾刻文字凤戏牡丹纹温菜盒

尺寸：直径 35cm　年代：清　款识：茶阳、义和、老店、真料点铜

备注：盖：当朝一品、身：延年益寿

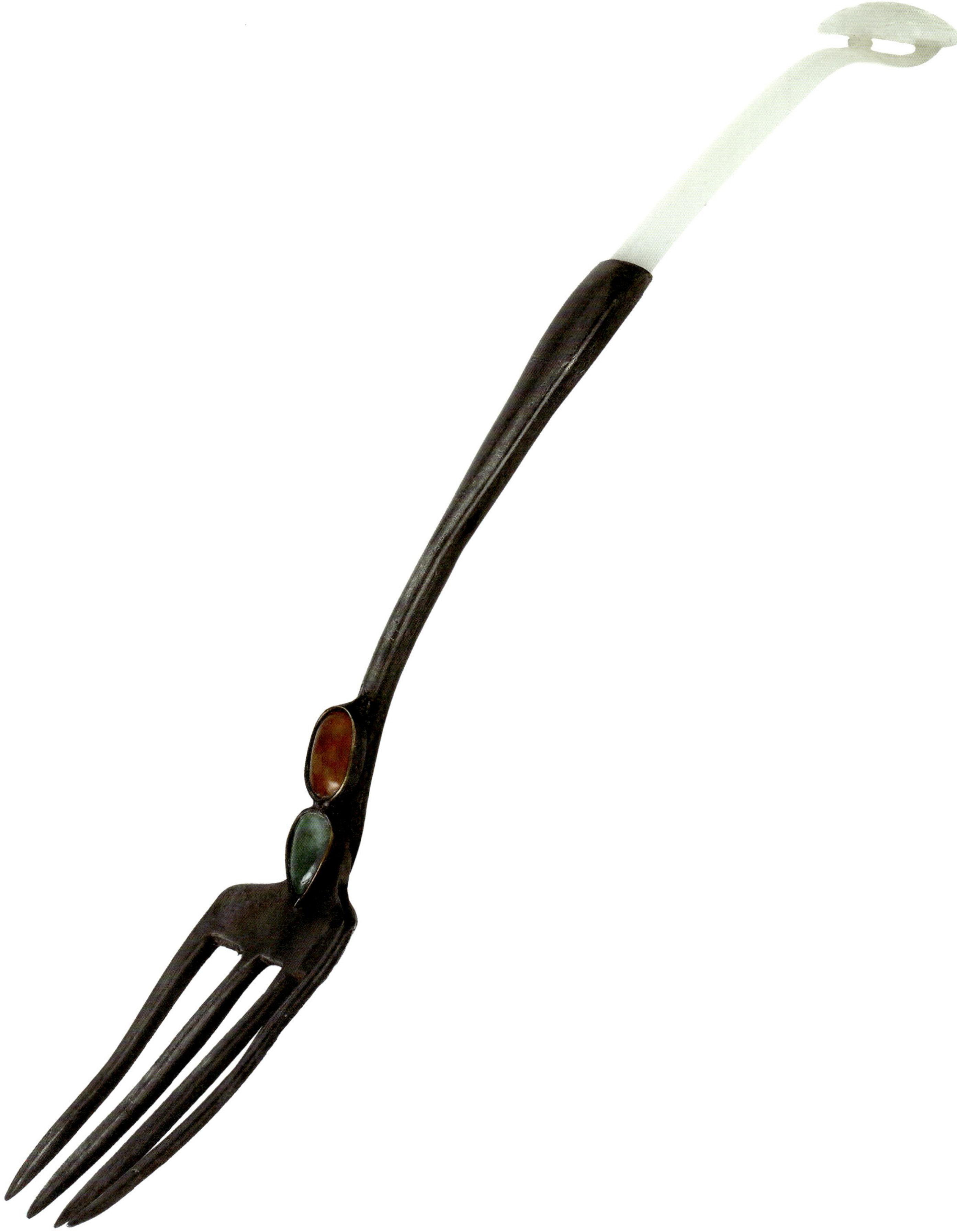

162

名称：镶宝石食叉

尺寸：长27cm

年代：清

163

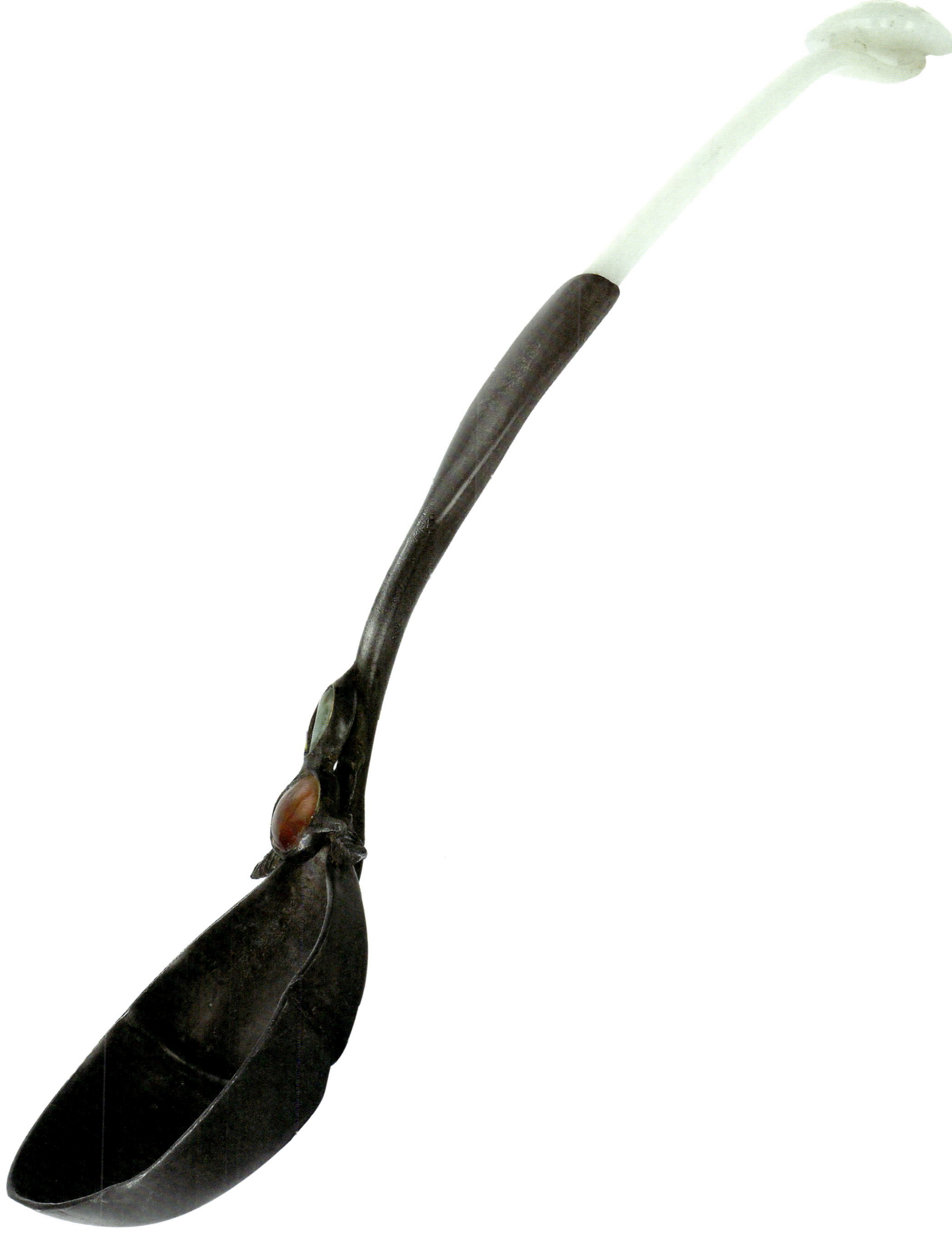

名称：镶宝石食勺

尺寸：长26cm

年代：清

164

名称：圆形镶宝石錾五蝠捧寿纹盘

尺寸：直径 17cm

年代：清

165

名称：圆形双提梁錾渔樵耕读梅兰竹菊纹汤盆

尺寸：直径 12.5cm

年代：清

名称：圆形四提梁三层提食盒

尺寸：高32cm

年代：清

款识：泰州、姚万和造

名称：圆荷叶形双耳托盘式汤煲

尺寸：高10cm

年代：民国

款识：忠孝锡店、包用

名称：四圆形双提梁錾梅花纹镶宝石温菜盒

尺寸：直径35cm

年代：民国

款识：永州、永茂

名称：四圆形双提梁錾文字花卉纹温菜盒

尺寸：直径35cm

年代：民国

款识：永州华湘公司

盛具

名称：八角形撇口嵌铜八仙人物纹盆

尺寸：直径 24cm

年代：明

名称：圆形镶宝石贴叶纹大捧盒

尺寸：直径28cm

年代：清

款识：大清乾隆年造

名称：圆形錾状元及第纹双层大捧盒

尺寸：直径 30cm

年代：清

174

名称：鼓形双提梁錾山水纹盖罐

尺寸：高16cm

年代：清

款识：周顺泰、郡庙侧

名称：圆形錾人物山水花卉博古纹盖罐

尺寸：高17cm

年代：清

款识：恒裕店造

永隆于地德弘者
建宰相而裂土

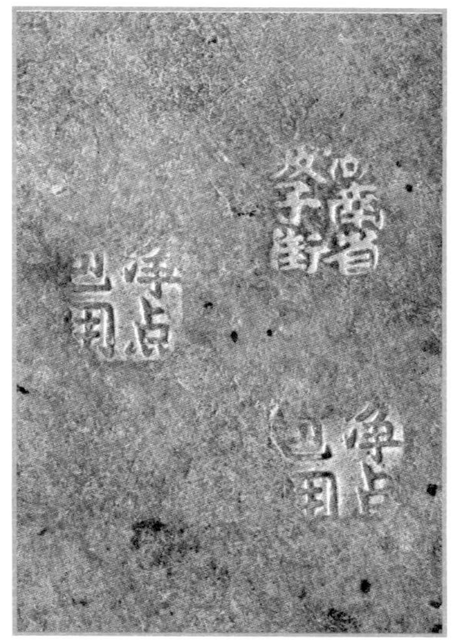

名称：六角形刻松鹿纹双层盖筒　尺寸：高40cm　年代：清

款识：湖南省坡子街、马宝和、净点包用

名称：长方八角形内装景泰兰四攒盘

尺寸：长43.5cm

年代：清

款识：潮阳、颜和顺、正老店、店住汕头、真料点铜、真不二价

179

名称：长方形透雕龙纹包木盒

尺寸：长 10cm

年代：清

款识：吉兴

备注：底有彩绘画

名称：寿星骑鹿形盒（对）

尺寸：高 20cm

年代：清

名称：方倭角撇口形錾人物山水纹小盆

尺寸：高 10cm

年代：清

182

名称：圆锥形镶宝石贴叶纹盖罐

尺寸：高23cm

年代：清

款识：潮阳、颜义和、点铜

名称：六角锥形錾文字花卉纹盖罐

尺寸：高17cm

年代：清

款识：潮阳、义和老店、净足、英文款

名称：圆形刻花卉纹双层大捧盒

尺寸：直径30cm

年代：民国

名称：梅瓶形錾金字纹瓶（对）

尺寸：高 12cm

年代：民国

款识：纯锡、冈南谨制

朝城
薛惠
點銅

187

名称：六角形圈足錾花卉纹双层粉盒

尺寸：直径8cm

年代：清

名称：圆形圈足錾花卉纹双层粉盒

尺寸：直径8cm

年代：清

款识：广明

名称：方倭角形錾花卉纹双层粉盒（对）

尺寸：高 8cm

年代：清

款识：尹太来造

名称：方圆形压錾花卉纹粉盒

尺寸：长 12cm

年代：清

款识：浙瓯、府头门、杨裕兴号、不真包换、真足点

名称：古琴形錾花鸟纹粉盒（对）

尺寸：长19cm

年代：清

款识：潮城、萧益盛、点铜

192

名称：圆形錾童子戏蝶缠枝纹三层圈足大粉盒

尺寸：高 19cm

年代：清

名称：圆形麒麟送子四开窗花卉纹三层大粉盒

尺寸：高 21cm

年代：清

名称：蜂蝶形压刻蝶纹粉盒

尺寸：长15.5cm

年代：清

款识：益盛、点铜

名称：叶形嵌铜花鸟纹粉盒

尺寸：长9cm

年代：清

款识：光明

名称：叶形錾花鸟纹粉盒

尺寸：长 14cm

年代：清

款识：将裕兴

名称：带铜镜镜屏

尺寸：高35cm

年代：清

款识：广玉斋、包换

名称：圆形錾麒麟送子寿字花卉纹三层圈足大粉盒

尺寸：高 20cm

年代：清

199

名称：鱼形镶料珠粉盒 尺寸：长 12cm 年代：清

文房具

名称：圆形嵌铜人物花卉纹包砚盒

尺寸：直径 9cm

款识：敬吾梁造

名称：方倭角形印泥盒

尺寸：高 8cm

年代：明

名称：长方形錾花卉纹印章印泥盒

尺寸：长 14cm

年代：清

款识：前门外打磨厂合义号

名称：长方形执式水滴

尺寸：长 8cm

年代：清

款识：任裕茂造

名称：长方形錾花卉纹印泥盒

尺寸：长 8cm

年代：清

款识：怡盛、足锡

备注：带托

名称：圆形镶竹笔筒

尺寸：高16cm

年代：清

款识：德利昌造

名称：圆形圈足錾花卉纹印泥盒（对）

尺寸：直径 9.5cm

年代：清

款识：合聚、广明

名称：圆形錾人物纹印泥盒

尺寸：直径 11cm

年代：清

款识：张源茂造

名称：长方形四足錾花鸟纹印章印泥盒

尺寸：长 12cm

年代：清

款识：广茂

名称：长方形折叠式刻文字花卉纹文具盒

尺寸：长 28cm

年代：清

款识：潮阳、奕和老店、点铜

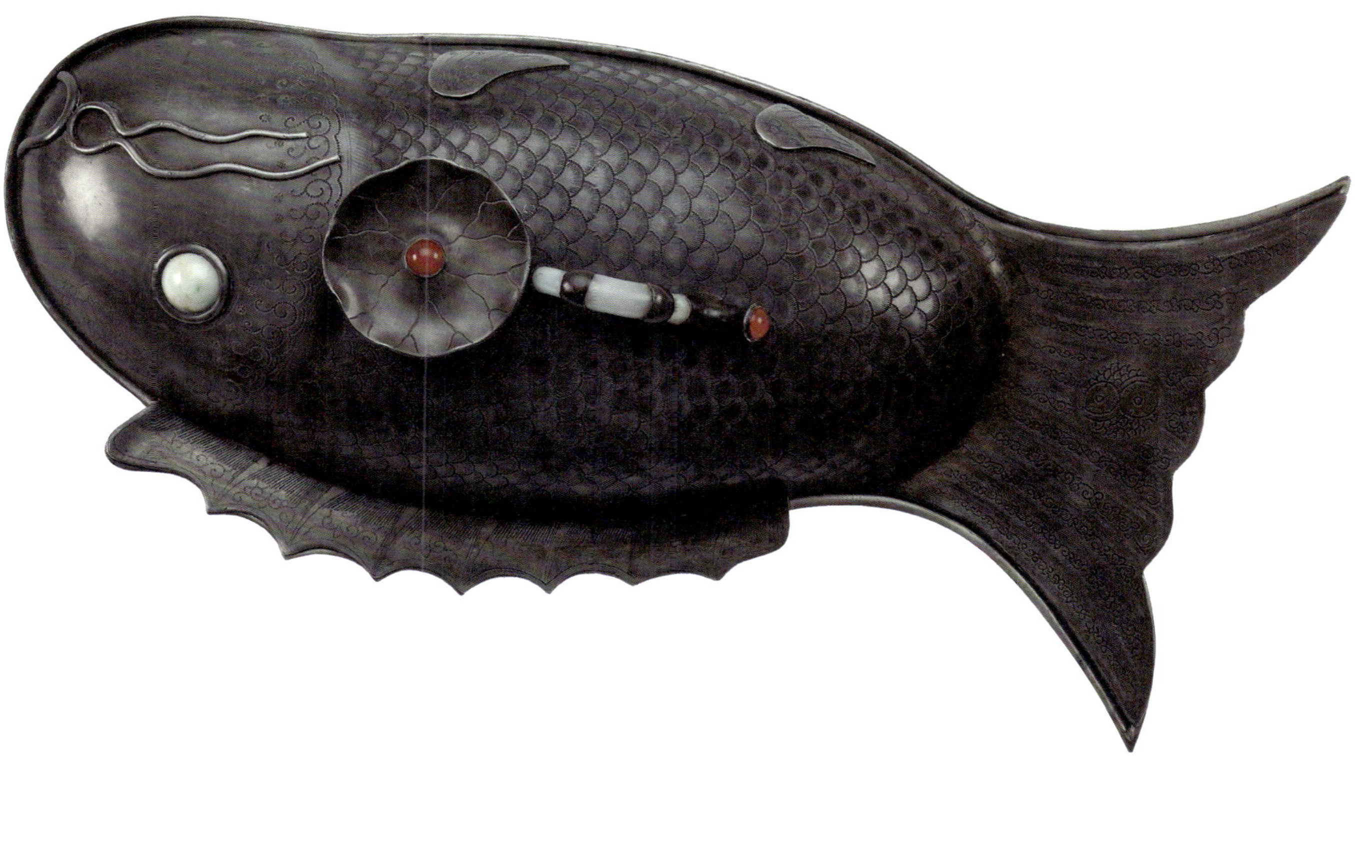

名称：鱼形镶宝石大笔洗

尺寸：长54cm

年代：清

款识：潮阳、颜和顺、正老店、店住汕头、真料点铜、真不二价、正双料点锡

名称：鱼形镶宝石大笔洗

尺寸：长51cm

年代：清

款识：汕头、颜德义、正老店

名称：鱼形镶宝石笔架文房具

尺寸：长31cm　年代：清　款识：前门外打磨厂、万昌号

备注：带紫石砚、象牙杆毛笔、笔山、水注、银勺

214

名称：圆形桃根式大笔洗

尺寸：直径21cm

年代：清

款识：镇兴恒造

名称：桃树根形笔筒

尺寸：高 15cm

年代：清

款识：镇兴恒造

名称：方形嵌螺钿印泥盒

尺寸：长4.7cm×宽4.7cm

年代：清

217

名称：螃蟹形笔插

尺寸：长 13cm

年代：清

名称：螃蟹形笔洗

尺寸：长18cm

年代：清

名称：书卷形錾花卉纹镇纸（对）

尺寸：长21.5cm

年代：清

款识：广顺号造

名称：竹节形镇纸

尺寸：长24.5cm

年代：清

款识：镇兴恒造

名称：海水纹笔架

尺寸：长 20cm

年代：清

款识：镇兴恒造

名称：水车形水滴

尺寸：长 18cm

年代：清

款识：德利昌造、点铜

名称：房子小桥形水滴

尺寸：长14.6cm

年代：清

款识：镇兴恒造、点铜

名称：龟形水滴

尺寸：长 19cm

年代：清

款识：谦德号记

名称：茄子形水滴

尺寸：长 19cm

年代：清

款识：周鸿记、点铜

名称：茄子形水滴
尺寸：长 14cm
年代：清
款识：荣德增记

名称：山字形水滴笔架

尺寸：高 18cm

年代：清

款识：广明、净水

名称：八仙人（何仙姑）水滴水盂
尺寸：高 35cm
年代：清
款识：广友、点铜

名称：船形水滴

尺寸：长19cm

年代：清

款识：道口、裕盛、点铜

名称：方形錾花卉纹水注

年代：清

款识：广明、净水

名称：长方形嵌铜蝠印章印泥砚台盒

尺寸：长15cm

年代：清

款识：金郡、杨泰兴造、必管

名称：鼓形錾龙纹圈足笔架

尺寸：长 10cm

年代：清

款识：广明、净水

名称：上圆下方形笔架

尺寸：高 41cm

年代：清

名称：六方起凸形水盂

尺寸：直径 11cm

年代：清

名称：鱼形镶料珠包紫石砚盒

尺寸：长21cm

年代：清

款识：潮阳、颜茂和、老店、点铜

名称：八角形嵌铜人物花鸟纹包石砚盒

尺寸：直径 9cm

年代：清

款识：潮阳、颜茂和、老店、点铜、金城、正利造

名称：长方倭角形刻花鸟纹文房盒

尺寸：长33cm

年代：清

款识：汕头、永义和、广东省城、真料点铜

名称：长方青铜器形镶宝石嵌铜花鸟纹砚盒　尺寸：长11.5cm　年代：清

款识：潮阳、永义和、广东省城、真料点铜

名称：上圆下方形砚台

尺寸：高 16.6cm

年代：清

名称：长方形小砚屏　尺寸：高13cm　年代：民国

供具

名称：方形嵌铜福寿二龙戏珠花鸟纹五供（1套5件）

尺寸：高 28cm

年代：清

名称：方形錾人物、狮、龙、花卉纹五供（1套5件）

尺寸：高36cm

年代：清

款识：广友

名称：圆形镶料珠花鸟纹执式烛台（对）

尺寸：高 19cm

年代：清

名称：圆形五供（1套5件）

尺寸：高43cm

年代：清

名称：方形嵌铜福寿花鸟纹五供（1套5件）

尺寸：高30cm

年代：清

名称：镂空形镶料珠壁式三供（3件）

尺寸：高 24cm

年代：清

名称：长方形镶料珠文字花卉纹壁式签筒（对）

尺寸：高 28cm

年代：清

250

名称：圆鼎形双耳三足香薰

尺寸：高17cm

年代：清

款识：德利昌造

名称：圆形三足盖式香薰

尺寸：高18cm

年代：清

款识：周鸿记

名称：圆形三足鼎式薰炉

尺寸：高23cm

年代：清

款识：广顺号造

名称：长方形双耳錾二龙戏珠纹香熏炉

尺寸：高13cm

年代：清

款识：广友

名称：长方形嵌铜麒麟纹香薰炉

尺寸：高 12cm

年代：清

名称：长方形四足嵌铜二龙戏珠纹香薰炉

尺寸：高 17cm

年代：清

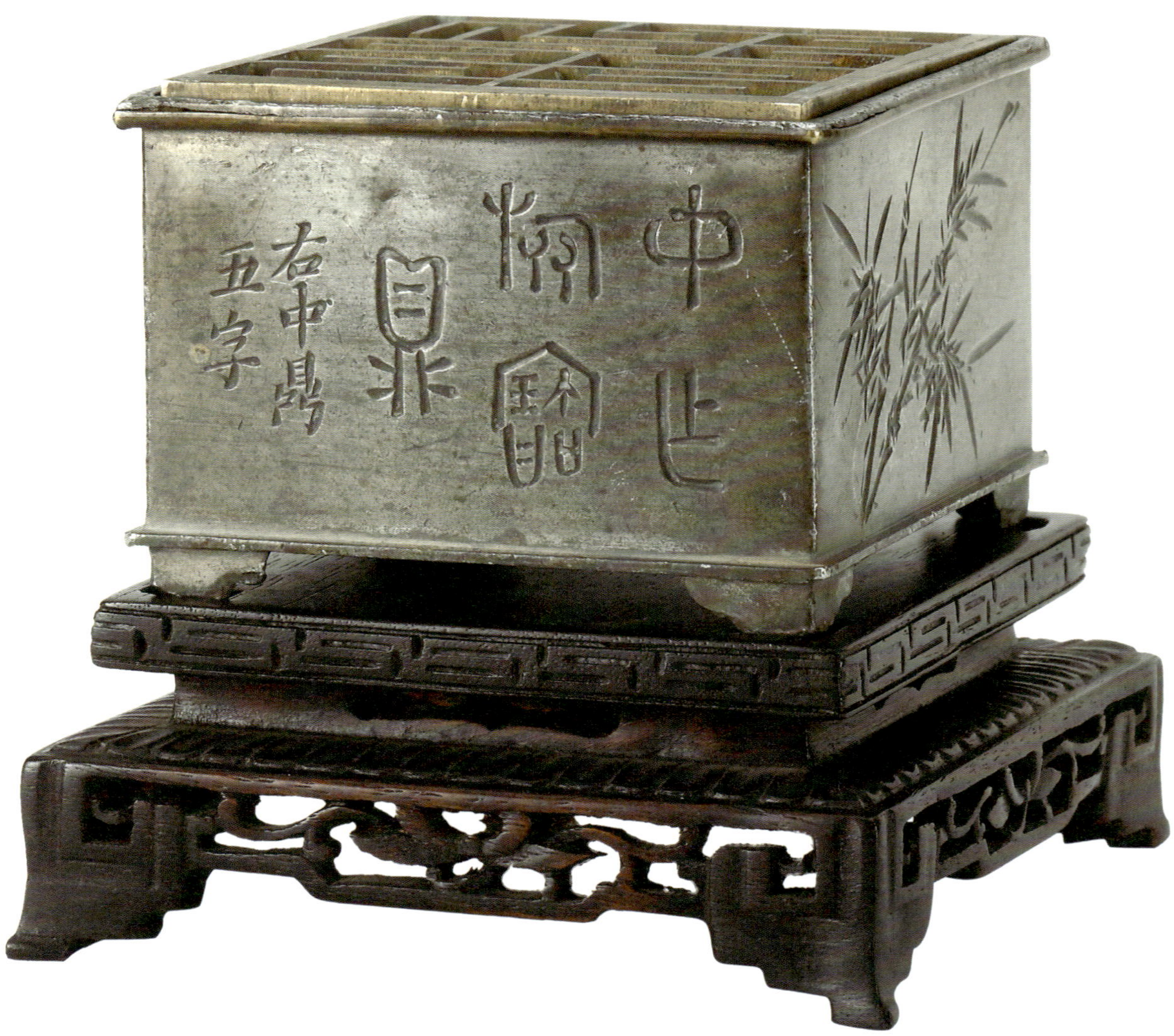

名称：方形刻文字竹纹香薰

尺寸：长 7cm× 宽 7cm

年代：清

款识：潮阳同顺、店住汕头、点铜

备注：带木座

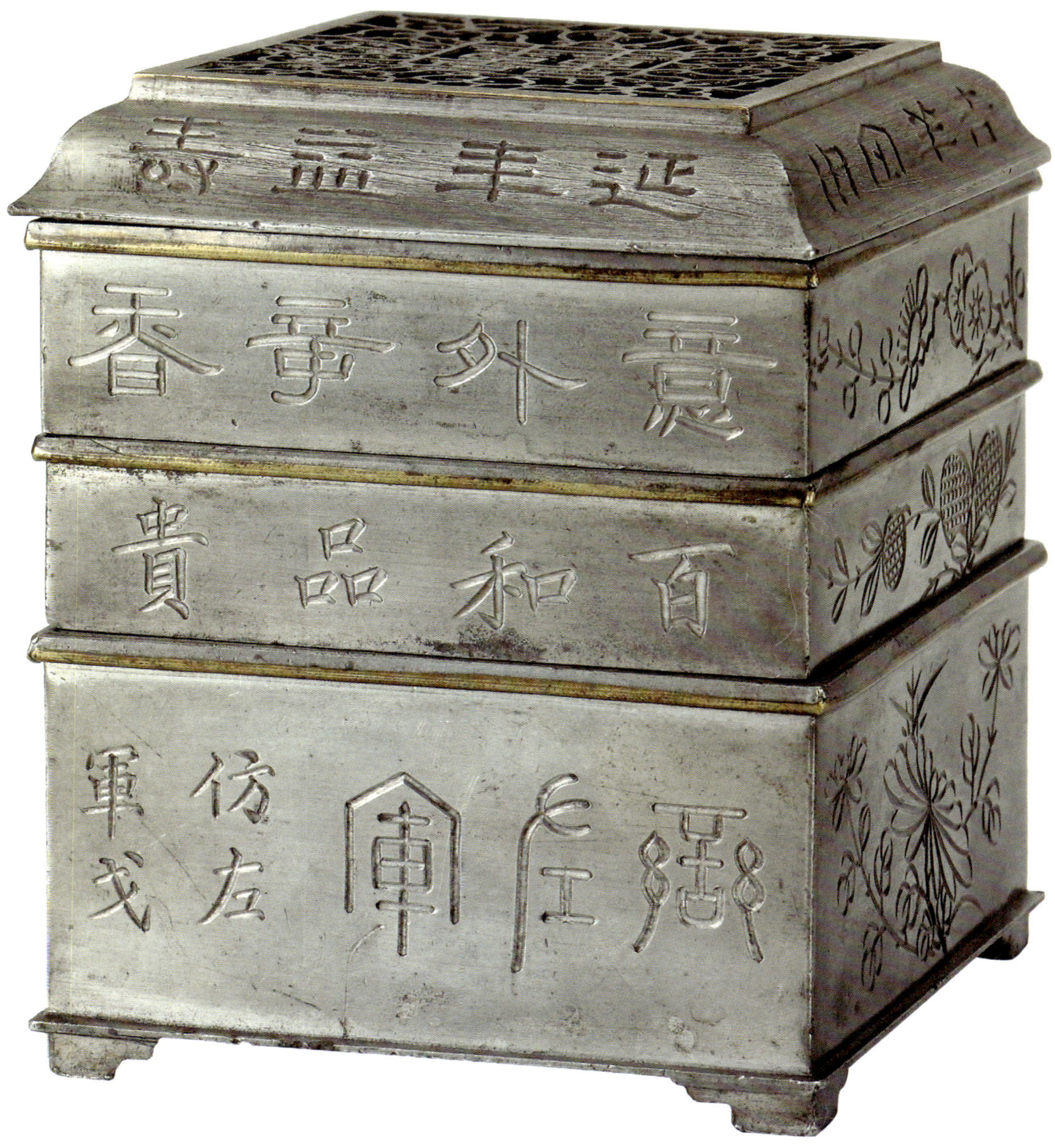

名称：方形錾刻文字花卉纹三层薰盒

尺寸：高13cm

年代：清

款识：潮阳、颜文和、正老店、真料点锡

名称：方形四足錾刻蝠寿花鸟纹香薰

尺寸：高 10cm

年代：清

款识：潮阳、颜义和、隆记、真料点锡

名称：双方四足形香薰

尺寸：长 17cm

年代：清

款识：道口、裕盛

名称：圆架莲子形香薰

尺寸：高32.5cm

年代：清

261

名称：鱼形镶料珠壁式签筒（对）

尺寸：长 26cm

年代：清

名称：圆三足形铜花卉纹香薰

尺寸：直径 9cm

年代：清

名称：圆荷叶花形执式烛台（对）

尺寸：高 27cm

年代：清

名称：六角形烛台（对）

尺寸：高 30cm

年代：清

名称：长方形镂空熏笼

尺寸：长 18.5cm

年代：清

款识：肇昌自造

名称：长方形喜字纹烛台（对）

尺寸：高 36cm

年代：清

款识：信王成

名称：长方形四足铸福寿纹香炉

尺寸：高 13cm

年代：清

款识：宋广和号

名称：人物形（和合二仙）纹嵌铜镶料珠烛台

尺寸：高 44cm

年代：民国

款识：顺泰、铋绾、真

名称：六角形五层佛塔

尺寸：高 62cm

年代：民国

款识：陈汉记造

烟枪具及其他用具

名称：**烟枪具**（套）

尺寸：**规格不等**

款识：**广顺号造**

名称：模压暗八仙祭器（一套4件）

尺寸：高 32cm

年代：明

名称：牛角形军号

尺寸：长 43cm

年代：明

款识：兵随符行、将随令转

名称：圆柱形开窗式帽筒（对）

尺寸：高23.5cm

年代：清

款识：张德升

275

名称：模压洋人献宝纹摆件（对）

尺寸：高 27cm

年代：清

名称：圆形錾福寿纹手珠盒

尺寸：直径 14cm

年代：清

备注：带藤皮盒

名称：圆形阴阳八卦纹红彩围棋盒

尺寸：高 9cm

年代：清

款识：奉天省、太清宫、乙丑三、傅式钵、小北关

名称：六角形嵌铜八卦纹围棋盒

尺寸：高9cm

年代：清

款识：天盛源造

名称：圆束颈形錾福寿纹渣斗

尺寸：高9.5cm

年代：清

款识：前门西、珠市口、万泰德

名称：圆形镶宝石贴叶纹大朝珠盒 尺寸：直径 18cm 年代：清 款识：潮阳、颜和顺、正老店、店住汕头、真料点铜、真不二价、正双料点锡、净水、贺锡

名称：圆形镶宝石贴根叶纹朝珠盒

尺寸：直径14.5cm

年代：清

款识：潮阳、颜和顺、正老店、店住汕头、真料点铜、真不二价

名称：圆束颈花瓶

尺寸：高 20cm

年代：民国

款识：宏宝昌记

名称：章洽顺锡器牌匾

尺寸：高1200cm

年代：清

备注：此匾为商业店铺招牌，双面平刻字，开张时挂出，关门时摘下

名称：义源仁号红铜铅锡牌匾

尺寸：高3300cm

年代：清

备注：此匾为大商号招牌，双面阴刻字

图录

壶及壶具

009

名称：四棱四倭角四开窗形嵌铜花鸟纹提梁壶
尺寸：高20cm
年代：明

010

名称：方起鼓形双耳錾花卉纹水温式执壶
尺寸：高16cm
年代：明

011

名称：六方起鼓双桃纽形执壶
尺寸：高18cm
年代：清

012

名称：八角开窗形嵌铜人物瑞兽游走纹提梁壶
尺寸：高20cm
年代：清
款识：尚邑、周新昶造

013

名称：八角开窗形嵌铜人物八宝纹提梁壶
尺寸：高20cm
年代：清
款识：潮阳、永义和、广东省城、真料点铜、净足

014

名称：方倭角形刻文字花卉纹提梁壶（套）
尺寸：高14cm
年代：清
款识：湖南省坡子街、铜仁锡号、净点、包用

015

名称：八角起凸形嵌铜八仙人物纹提梁壶
尺寸：高13cm
年代：清
款识：王师制造

016

名称：八角起凸形嵌铜八仙人物纹提梁壶
尺寸：高10cm
年代：清
款识：广明、点铜

017

名称：筒形錾花鸟纹提梁壶
尺寸：高13.5cm
年代：清
款识：道口、合聚、点铜

018

名称：方抹角形嵌铜币纹执壶
尺寸：高9cm
年代：清
款识：聚元老店

019

名称：筒形錾人物文字纹提梁壶
尺寸：高9.5cm
年代：清
款识：潮阳、颜奕和、老店、分开汕头、真料点铜

020

名称：木榴包锡形执壶
尺寸：长23cm
年代：清
款识：道口、裕盛、点铜

021

名称：扁方形嵌铜福寿文字人物纹执壶（对）
尺寸：高22.5cm
年代：清

022

名称：清官帽形执壶
尺寸：高10cm
年代：清
款识：周鸿记、点铜

023

名称： 琵琶形吸管壶
尺寸： 高42cm
年代： 清
款识： 广隆
壶座款识： 大十字万记

024

名称： 长方形双壶刻文字花卉纹水温式提梁壶
尺寸： 高22cm
年代： 清
款识： 住潮城、不二价、杨仪和顺记、包换正点锡、二两一钱五分

025

名称： 鱼形吸管壶
尺寸： 高26cm
年代： 清
款识： 瑞城、皆吉足点

026

名称： 圆火锅三足形五人用水温式提梁壶
尺寸： 直径30cm
年代： 清
款识： 道口、聚盛、贺锡

027

名称： 葫芦形镶宝石贴花鸟纹水温式执壶
尺寸： 高17.5cm
年代： 清
款识： 杭城、郑宝泰造

028

名称： 圆形嵌铜麻姑献寿纹水温式壶
尺寸： 直径44cm
年代： 清
款识： 潮阳、颜和顺、正老店、店住汕头、真料点铜、英文款

029

名称： 扁方形六面开窗镶玻璃压纸画执壶
尺寸： 高30cm
年代： 清
款识： 潮阳、颜永利、真料点铜

030

名称： 八角形八面开窗镶玻璃压纸画执壶
尺寸： 高30cm
年代： 清
款识： 潮邑、永顺、真料点铜

031

名称： 六角起凸形錾花鸟纹提梁壶
尺寸： 高12cm
年代： 清
款识： 道口、聚盛、点铜

032

名称： 鼓墩形剔红包锡水温式提梁壶
尺寸： 直径9cmx高8cm
年代： 清
款识： 东万义号

033

名称： 八角起凸形嵌铜人物纹提梁壶
尺寸： 高13.5cm
年代： 清
款识： 道口、聚盛、点铜、贺锡

034

名称： 穿山甲壳贴锡吸管壶
尺寸： 长22cm
年代： 清

035

名称： 圆五面起凸形嵌铜人物纹提梁壶
尺寸： 高11cm
年代： 清

036

名称： 葫芦形水温式执壶
尺寸： 高35cm
年代： 清
款识： 广顺号造、点铜

037

名称： 竹节纹束颈形提梁壶
尺寸： 高18cm
年代： 清
款识： 义成厚造、点铜

038

名称： 长方形刻人物文字山水纹提梁壶
尺寸： 高12cm
年代： 清
款识： 登龙街、联兴斗锡

039

名称：方倭角形嵌铜花鸟纹提梁壶
尺寸：高28cm
年代：清
款识：三德店记

040

名称：圆形錾花卉纹提梁壶
尺寸：高27cm
年代：清
款识：尹太来造

041

名称：树叶形执壶（对）
尺寸：长23cm
年代：清
款识：周鸿记、点铜

042

名称：圆形竹节纹执壶
尺寸：高9cm
年代：清
款识：永义合造

043

名称：圆形橘瓣纹提梁壶
尺寸：高18.5cm
年代：清
款识：道口、裕盛

044

名称：半月形竹节纹执壶
尺寸：高8cm
年代：清
款识：镇兴恒造

045

名称：抱月形双耳执壶
尺寸：高17cm
年代：清
款识：潮阳、联顺、净足

046

名称：葫芦形提梁壶
尺寸：高26.5cm
年代：清
款识：万成锡店、点铜

047

名称：内藏流式錾花卉纹提梁壶
尺寸：高8cm
年代：清
款识：杨裕兴、真足点、府头门、不真包换

048

名称：圆形竹节纹玉纽执壶
尺寸：13cm
年代：清
款识：德利昌造、点铜

049

名称：扁六方倭角形提梁壶
尺寸：高17cm
年代：清
款识：义成厚造

050

名称：桶形提梁壶
尺寸：高17cm
年代：清
款识：道口、裕盛、点铜

051

名称：瓜棱形执壶
尺寸：高17cm
年代：清
款识：德盛锡局

052

名称：圆形盖式八卦壶
尺寸：直径23cm
年代：清
款识：义成厚造
备注：带盘、盖

053

名称：僧帽形执壶
尺寸：高11cm
年代：清
款识：道口、裕盛、点铜

054

名称：竹节形提梁壶
尺寸：高16cm
年代：清
款识：东万义号、点铜

055 
名称：圆束颈形竹节纹执壶
尺寸：高15cm
年代：清
款识：瑞城、皆吉足点

056 
名称：圆束颈形錾暗八仙纹提梁壶
尺寸：高22cm
年代：清
款识：道口、裕盛

057 
名称：六角起凸斗形刻文字花卉纹提梁壶
尺寸：高10cm
年代：清
款识：公顺长记

058 
名称：斗形嵌铜文字纹二镶执壶
尺寸：高15cm
年代：清

059 
名称：竹节形刻文字兰花纹煮茶温酒二镶执壶
尺寸：高21cm
年代：清

060 
名称：筒形錾花鸟纹提梁壶
尺寸：高16cm、
年代：清
款识：公顺长记

061 
名称：鸭子形提梁壶
尺寸：高9cm
年代：清
款识：前门外打磨厂万昌号

062 
名称：圆形嵌铜八仙人物纹提梁壶
尺寸：高11cm
年代：清
款识：羊市街、泰和永记、崔

063 
名称：鼓墩形刻文字花卉纹壶
尺寸：高7cm
年代：清
款识：肇城、三兴、点铜

064 
名称：方斗倭角形镶宝石贴蝶花叶纹提梁壶
尺寸：高18cm
年代：清
款识：长顺号

065 
名称：方倭角形錾刻鱼寿纹执壶
尺寸：高18cm
年代：清
款识：漳州、泉和、点铜

066 
名称：方起凸形嵌铜开窗人物花卉纹执壶
尺寸：高15cm
年代：清

067 
名称：扁方倭角形嵌铜人物纹提梁壶
尺寸：高22cm
年代：清

068 
名称：磨盘形壶
尺寸：高13cm
年代：清
款识：东万义号、点铜

069 
名称：六角形嵌铜花鸟纹提梁壶
尺寸：高12.5cm
年代：清
款识：潮阳、颜和顺、正老店、店住汕头、真料点铜

070 
名称：扁方倭角形錾博古花卉纹提梁壶
尺寸：高17cm
年代：清
款识：公顺长记

071 

名称：圆形嵌铜文字梅花纹提梁壶
尺寸：高9cm
年代：清
款识：发利号、富桥、正点铜

072 

名称：梨形提梁壶
尺寸：高12cm
年代：清

073 

名称：鼎式三足刻币寿纹执壶
尺寸：高12cm
年代：清

074 

名称：圆形竹节纹执壶
尺寸：高9cm
年代：清
款识：道口、裕盛、点铜

075 

名称：木瓜形执壶
尺寸：高18.5cm
年代：清
款识：张利臣记

076 

名称：束颈形橘瓣纹水温式提梁壶
尺寸：高8cm
年代：清
款识：道口、广义、点铜

077 

名称：荷花形提梁壶
尺寸：高17cm
年代：清
款识：道口、裕盛

078 

名称：圆束颈形带杯执壶
尺寸：高7cm
年代：清
款识：不清

079 

名称：鸭子形提梁壶
尺寸：长24cm
年代：清
款识：潮阳、颜和顺、正老店、店住汕头、真料点铜、真不二价

080 

名称：荸荠形刻文字花卉纹提梁壶
尺寸：高6.5cm
年代：清
款识：郑兴顺记

081 

名称：橘瓣形錾团花房纹提梁壶
尺寸：高8cm
年代：清
款识：潮阳、颜奕和、老店、分开汕头、真料点铜

082 

名称：荷花形提梁壶
尺寸：高13cm
年代：清
款识：不清

083 

名称：圆形錾龙风捧寿纹提梁壶
尺寸：高16cm
年代：清
款识：道口、裕盛

084 

名称：圆束颈形炭温式执壶
尺寸：高10cm
年代：清
款识：道口、裕盛

085 

名称：扁蝶形嵌铜花卉纹提梁壶
尺寸：高16cm
年代：清
款识：义成厚造、点铜

086 

名称：将军帽形倒流式执壶
尺寸：高16cm
年代：清
款识：广顺号造

087		**名称：**圆束颈形刻人物龙纹炭温式执壶 **尺寸：**高 15cm **年代：**清	088		**名称：**瓜棱形水温式提梁壶 **尺寸：**高 9.5cm **年代：**清 **款识：**道口、合聚、点铜
089		**名称：**六角钟形錾花卉纹执壶 **尺寸：**高 17cm **年代：**清 **款识：**潮阳、颜吉利、店住汕头、真料点铜	090		**名称：**四棱四圆角形水温式提梁壶 **尺寸：**高 9.5cm **年代：**清 **款识：**道口、点铜、裕记、包换
091		**名称：**圆束颈形竹节纹执壶 **尺寸：**高 9cm **年代：**清 **款识：**广顺号造	092		**名称：**方倭角形錾花卉纹水温式提梁壶（套） **尺寸：**高 12cm **年代：**清 **款识：**道口、合记、点铜
093		**名称：**葫芦形双耳水温式执壶 **尺寸：**高 26.5cm **年代：**清 **款识：**德利昌造	094		**名称：**方起凸形錾花卉纹提梁壶 **尺寸：**高 14cm **年代：**清 **款识：**广友
095		**名称：**八棱形炭温式执壶 **尺寸：**高 15.5cm **年代：**清 **款识：**广顺号造	096		**名称：**六倭角形玉纽刻文字山水花卉纹执壶（对） **尺寸：**高 16cm **年代：**清
097		**名称：**圆束颈形燃油式小执壶 **尺寸：**高 13.5cm **年代：**清	098		**名称：**扁葫芦束颈形錾人物花鸟纹执壶 **尺寸：**高 24cm **年代：**清
099		**名称：**扁葫芦束颈形錾花鸟纹执壶 **尺寸：**高 35cm **年代：**清	100		**名称：**火锅形温酒温菜壶 **尺寸：**高 33cm **年代：**清
101		**名称：**石榴形倒流式执壶 **尺寸：**高 12cm **年代：**清	102		**名称：**唢呐形倒流式吸管壶 **尺寸：**高 40cm **年代：**清 **款识：**东万义号、点铜

103		**名称：**圆束颈形执壶 **尺寸：**高10.5cm **年代：**清 **款识：**左玄茂造	**104**		**名称：**桃形倒流式执壶 **尺寸：**高11cm **年代：**清
105		**名称：**多穆形壶 **尺寸：**高19cm **年代：**清	**106**		**名称：**花蓝形錾花卉纹提梁壶 **尺寸：**高16cm **年代：**清 **款识：**广明
107		**名称：**地球形水湿式壶 **尺寸：**高16cm **年代：**清 **款识：**道口、裕盛、点铜	**108**		**名称：**葫芦形执壶 **尺寸：**高21cm **年代：**清 **款识：**道口、广盛、刘家老店、点铜 **备注：**此壶为双腔壶，一壶为装毒酒之用
109		**名称：**方起凸形錾花卉纹执壶 **尺寸：**高13cm **年代：**清 **款识：**德利昌造	**110**		**名称：**束颈形倒流式提梁壶 **尺寸：**高22cm **年代：**清 **款识：**周鸿记
111		**名称：**扁葫芦双象耳形錾人物花卉纹吸管壶 **尺寸：**高18cm **年代：**清 **款识：**周鸿记	**112**		**名称：**扁方形錾喜鹊登梅纹提梁壶 **尺寸：**高16.5cm **年代：**清 **款识：**义成厚造
113		**名称：**双柿双流双执形执壶 **尺寸：**高13cm **年代：**清 **款识：**明诚	**114**		**名称：**六角形倒流式带杯提梁壶 **尺寸：**高19.5cm **年代：**清 **款识：**万成号造
115		**名称：**方倭角形刀划人物山水纹水温式提梁壶 **尺寸：**高11.5cm **年代：**清 **款识：**雪涛、骡马市大街公辰号造	**116**		**名称：**瓜棱葫芦形倒流式执壶 **尺寸：**高27cm **年代：**清 **款识：**东万义号
117		**名称：**扁葫芦形刀划人物山水纹吸管壶 **尺寸：**高17cm **年代：**清 **款识：**辛丑年仲春、琴材置	**118**		**名称：**方倭角形刀划亭台楼阁梅兰竹菊石纹水温式提梁壶 **尺寸：**高12cm **年代：**清 **壶面款识：**刻瑶山仁兄清玩、愚弟子良特赠

119		**名称：**扇面形錾鸟狮花卉纹提梁壶 **尺寸：**高15cm **年代：**清 **款识：**广信	120		**名称：**卷缸形煮茶温酒双蝶耳大壶 **尺寸：**高40m **年代：**清 **款识：**真不二价、广友、净水、点铜
121		**名称：**绣墩形錾刻花卉纹水温式提梁壶 **尺寸：**高6cm **年代：**清 **款识：**广明、真不二价、点铜	122		**名称：**火锅鱼形錾刻文字纹水温式壶 **尺寸：**高28cm **年代：**清 **款识：**潮阳、颜和顺、正老店、店住汕头、真料点铜、真不二价
123		**名称：**琴形刻文字博古纹执壶 **尺寸：**高18cm **年代：**清 **款识：**恒义子号、点铜	124		**名称：**圆青铜器形刻金文玉纽水温式执壶 **尺寸：**高12.5cm **年代：**清 **款识：**潮阳、颜和顺、正老店、店住汕头、真料点铜、真不二价
125		**名称：**方青铜器形刻山水花卉纹水温式壶 **尺寸：**高20cm **年代：**清 **款识：**浙瓯、同兴、足点、不真包换、公厢口	126		**名称：**圆形椰壳包锡刻寿字杂宝纹茶酒壶 **尺寸：**高9cm **年代：**清 **款识：**潮阳、颜义和、老店、点铜
127		**名称：**荸荠形椰壳包锡刻寿字纹提梁壶（套） **尺寸：**高13cm **年代：**清 **款识：**永昌	128		**名称：**圆形滕皮包锡执壶 **尺寸：**高11cm **年代：**清 **款识：**周鸿记、点铜
129		**名称：**圆形錾人物花鸟纹提梁壶 **尺寸：**高15cm **年代：**清 **款识：**道口、广兴隆造	130		**名称：**梨形包紫砂刻文字兰花纹二镶执壶 **尺寸：**高10.5cm **年代：**清 **壶身款识：**少山 **壶内款识：**潘陈堂
131		**名称：**圆形大号炭火煮开水执壶 **尺寸：**高70cm **年代：**清	132		**名称：**錾花鸟纹壶具（套） **尺寸：**尺寸不一 **年代：**清 **款识：**潮阳、颜吉兴、汕头怀安街、真料点铜、英文款
133		**名称：**锡包紫砂圆锥形加彩开窗人物山水花卉纹提梁壶 **尺寸：**高16cm **年代：**清 **款识：**杨纪楚造	134		**名称：**竹节形二镶玉锡包砂提梁壶 **尺寸：**高16cm **年代：**清 **壶身款识：**永泰造 **壶内款识：**袁苍林制

135		**名称：**圆束颈形镶青花瓷福寿纹执壶 **尺寸：**高11cm **年代：**清	**136**		**名称：**桔瓣形锡嘴包紫砂提梁壶 **尺寸：**高14cm **年代：**清 **款识：**宜兴、江之云制
137		**名称：**汉方形锡包紫砂加彩文字竹纹执壶 **尺寸：**高20cm **年代：**清 **款识：**不识	**138**		**名称：**方形粉彩瓷人物纹三镶锡执壶 **尺寸：**高10.5cm **年代：**清
139		**名称：**竹节形紫砂三镶锡执壶 **尺寸：**高10cm **年代：**清 **盖内款识：**溪泉	**140**		**名称：**圆形镶锡嘴紫砂提梁壶 **尺寸：**高18cm **年代：**民国 **壶盖款识：**豫丰 **壶底款识：**掠工定烧、宜兴澄浆紫砂、竹林居士监造
141		**名称：**圆形锡嘴包紫砂提梁壶 **尺寸：**高12cm **年代：**民国 **款识：**宜兴紫砂	**142**		**名称：**圆形锡嘴包紫砂提梁壶 **尺寸：**高14cm **年代：**民国 **款识：**营口、福康
143		**名称：**圆束颈形执壶 **尺寸：**高10.5cm **年代：**民国 **款识：**天圆宝福			

餐食具

145		**名称：**荷叶形双耳双兽三足火锅 **尺寸：**高17cm **年代：**明	146		**名称：**方形火锅 **尺寸：**高16cm **年代：**清 **款识：**刘正大造
148		**名称：**圆形錾花鸟纹火锅 **尺寸：**高19cm **年代：**清 **款识：**全兴城造	149		**名称：**圆形双耳三足式火锅 **尺寸：**高14.5cm **年代：**清 **款识：**福鼎、曹源兴号
150		**名称：**八角起凸形火锅 **尺寸：**高15cm **年代：**清	151		**名称：**六角形嵌铜花鸟纹火锅 **尺寸：**高14cm **年代：**清
152		**名称：**椭圆鸡形双耳镶宝石刻文字纹鱼翅煲 **尺寸：**高16cm **年代：**清 **款识：**潮阳、颜德义、正老店、店住汕头、正庄点锡、真不二价	153		**名称：**圆形双耳錾文字花鸟纹汤煲 **尺寸：**高18cm **年代：**清 **款识：**老德泰造、净点
154		**名称：**圆形双提梁六面开窗錾花鸟纹汤煲 **尺寸：**高11cm **年代：**清 **款识：**净点、包用	155		**名称：**圆形双提梁錾刻文字团花纹汤煲 **尺寸：**高13cm **年代：**清 **款识：**潮阳、颜奕和、老店、分开汕头、真料点铜
156		**名称：**梅花形双提梁刻文纹汤煲 **尺寸：**高15cm **年代：**清 **款识：**潮阳、颜义和、正老店、真料点锡	157		**名称：**圆形双耳镶宝石刻文字纹汤煲 **尺寸：**高16cm **年代：**清 **款识：**潮城、春记、包换点铜
158		**名称：**桃形双提梁刻文字纹汤煲 **尺寸：**高11.5cm **年代：**清 **款识：**潮阳、颜吉利、店住汕头、真料点铜	159		**名称：**圆形錾寿字花卉纹碗 **尺寸：**直径10cm **年代：**清 **款识：**潮阳、颜和顺、正老店、店住汕头、正庄点锡、真不二价

160		**名称：**圆形椰壳包锡碗（一套5只） **尺寸：**直径9cm **年代：**清 **碗内款识：**潮阳、颜和顺、正老店、店住汕头、真料点铜	161		**名称：**四圆形双提梁錾刻文字凤戏牡丹纹温菜盒 **尺寸：**直径35cm **年代：**清 **款识：**茶阳、义和、老店、真料点铜
162		**名称：**镶宝石食叉 **尺寸：**长27cm **年代：**清	163		**名称：**镶宝石食勺 **尺寸：**长26cm **年代：**清
164		**名称：**圆形镶宝石錾五蝠捧寿纹盘 **尺寸：**直径17cm **年代：**清	165		**名称：**圆形双提梁錾渔樵耕读梅兰竹菊纹汤盆 **尺寸：**直径12.5cm **年代：**清
166		**名称：**圆形四提梁三层提食盒 **尺寸：**高32cm **年代：**清 **款识：**泰州、姚万和造	167		**名称：**圆荷叶形双耳托盘式汤煲 **尺寸：**高10cm **年代：**民国 **款识：**忠孝锡店、包用
168		**名称：**四圆形双提梁錾梅花纹镶宝石温菜盒 **尺寸：**直径35cm **年代：**民国 **款识：**永州、永茂	169		**名称：**四圆形双提梁錾文字花卉纹温菜盒 **尺寸：**直径35cm **年代：**民国 **款识：**永州华湘公司

盛具

171		**名称：**八角形撇口嵌铜八仙人物纹盆 **尺寸：**直径24cm **年代：**明	172		**名称：**圆形镶宝石贴叶纹大捧盒 **尺寸：**直径28cm **年代：**清 **款识：**大清乾隆年造
173		**名称：**圆形錾状元及第纹双层大捧盒 **尺寸：**直径30cm **年代：**清	174		**名称：**鼓形双提梁錾山水纹盖罐 **尺寸：**高16cm **年代：**清 **款识：**周顺泰、郡庙侧
175		**名称：**圆形錾人物山水花卉博古纹盖罐 **尺寸：**高17cm **年代：**清 **款识：**恒裕店造	176		**名称：**六角形刻松鹿纹双层盖筒 **尺寸：**高40cm **年代：**清 **款识：**湖南省坡子街、马宝和、净点包用
178		**名称：**长方八角形内装景泰兰四攒盘 **尺寸：**长43.5cm **年代：**清 **款识：**潮阳、颜和顺、正老店、店住汕头、真料点铜、真不二价	179		**名称：**长方形透雕龙纹包木盒 **尺寸：**长10cm **年代：**清 **款识：**吉兴 **备注：**底有彩绘画
180		**名称：**寿星骑鹿形盒（对） **尺寸：**高20cm **年代：**清	181		**名称：**方倭角撇口形錾人物山水纹小盆 **尺寸：**高10cm **年代：**清
182		**名称：**圆锥形镶宝石贴叶纹盖罐 **尺寸：**高23cm **年代：**清 **款识：**潮阳、颜义和、点铜	183		**名称：**六角锥形錾文字花卉纹盖罐 **尺寸：**高17cm **年代：**清 **款识：**潮阳、义和老店、净足、英文款
184		**名称：**圆形刻花卉纹双层大捧盒 **尺寸：**直径30cm **年代：**民国	185		**名称：**梅瓶形錾金字纹瓶（对） **尺寸：**高12cm **年代：**民国 **款识：**纯锡、冈南谨制

化妆具

187 

名称：六角形圈足錾花卉纹双层粉盒
尺寸：直径8cm
年代：清

188 

名称：圆形圈足錾花卉纹双层粉盒
尺寸：直径8cm
年代：清
款识：广明

189 

名称：方倭角形錾花卉纹双层粉盒（对）
尺寸：高8cm
年代：清
款识：尹太来造

190 

名称：方圆形压錾花卉纹粉盒
尺寸：长12cm
年代：清
款识：浙瓯、府头门、杨裕兴号、不真包换、真足点

191 

名称：古琴形錾花鸟纹粉盒（对）
尺寸：长19cm
年代：清
款识：潮城、萧益盛、点铜

192 

名称：圆形錾童子戏蝶缠枝纹三层圈足大粉盒
尺寸：高19cm
年代：清

193 

名称：圆形麒麟送子四开窗花卉纹三层大粉盒
尺寸：高21cm
年代：清

194 

名称：蜂蝶形压刻蝶纹粉盒
尺寸：长15.5cm
年代：清
款识：益盛、点铜

195 

名称：叶形嵌铜花鸟纹粉盒
尺寸：长9cm
年代：清
款识：光明

196 

名称：叶形錾花鸟纹粉盒
尺寸：长14cm
年代：清
款识：将裕兴

197 

名称：带铜镜镜屏
尺寸：高35cm
年代：清
款识：广玉斋、包换

198 

名称：圆形錾麒麟送子寿字花卉纹三层圈足大粉盒
尺寸：高20cm
年代：清

199 

名称：鱼形镶料珠粉盒
尺寸：长12cm
年代：清

文房具

201

名称： 圆形嵌铜人物花卉纹包砚盒
尺寸： 直径9cm
款识： 敬吾梁造

202

名称： 方倭角形印泥盒
尺寸： 高8cm
年代： 明

203
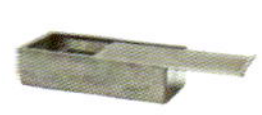
名称： 长方形錾花卉纹印章印泥盒
尺寸： 长14cm
年代： 清
款识： 前门外打磨厂合义号

204

名称： 长方形执式水滴
尺寸： 长8cm
年代： 清
款识： 任裕茂造

205

名称： 长方形錾花卉纹印泥盒
尺寸： 长8cm
年代： 清
款识： 怡盛、足锡
备注： 带托

206

名称： 圆形镶竹笔筒
尺寸： 高16cm
年代： 清
款识： 德利昌造

207

名称： 圆形圈足錾花卉纹印泥盒（对）
尺寸： 直径9.5cm
年代： 清
款识： 合聚、广明

208

名称： 圆形錾人物纹印泥盒
尺寸： 直径11cm
年代： 清
款识： 张源茂造

209

名称： 长方形四足錾花鸟纹印章印泥盒
尺寸： 长12cm
年代： 清
款识： 广茂

210

名称： 长方形折叠式刻文字花卉纹文具盒
尺寸： 长28cm
年代： 清
款识： 潮阳、奕和老店、点铜

210

名称： 鱼形镶宝石大笔洗
尺寸： 长54cm
年代： 清
款识： 潮阳、颜和顺、正老店、店住汕头、真料点铜、真不二价、正双料点锡

212

名称： 鱼形镶宝石大笔洗
尺寸： 长51cm
年代： 清
款识： 汕头、颜德义、正老店

213

名称： 鱼形镶宝石笔架文房具
尺寸： 长31cm
年代： 清
款识： 前门外打磨厂、万昌号
备注： 带紫石砚、象牙杆毛笔、笔山、水注、银勺

214

名称： 圆形桃根式大笔洗
尺寸： 直径21cm
年代： 清
款识： 镇兴恒造

215

名称：桃树根形笔筒
尺寸：高15cm
年代：清
款识：镇兴恒造

216

名称：方形嵌螺钿印泥盒
尺寸：长4.7cm×宽4.7cm
年代：清

217

名称：螃蟹形笔插
尺寸：长13cm
年代：清

218

名称：螃蟹形笔洗
尺寸：长18cm
年代：清

220

名称：书卷形錾花卉纹镇纸（对）
尺寸：长21.5cm
年代：清
款识：广顺号造

221

名称：竹节形镇纸
尺寸：长24.5cm
年代：清
款识：镇兴恒造

222

名称：海水纹笔架
尺寸：长20cm
年代：清
款识：镇兴恒造

223

名称：水车形水滴
尺寸：长18cm
年代：清
款识：德利昌造、点铜

224

名称：房子小桥形水滴
尺寸：长14.6cm
年代：清
款识：镇兴恒造、点铜

225

名称：龟形水滴
尺寸：长19cm
年代：清
款识：谦德号记

226

名称：茄子形水滴
尺寸：长19cm
年代：清
款识：周鸿记、点铜

227

名称：茄子形水滴
尺寸：长14cm
年代：清
款识：荣德增记

228

名称：山字形水滴笔架
尺寸：高18cm
年代：清
款识：广明、净水

229

名称：八仙人（何仙姑）水滴水盂
尺寸：高35cm
年代：清
款识：广友、点铜

230

名称：船形水滴
尺寸：长19cm
年代：清
款识：道口、裕盛、点铜

231

名称：方形錾花卉纹水注
年代：清
款识：广明、净水

232

名称：长方形嵌铜蝠印章印泥砚台盒
尺寸：长15cm
年代：清
款识：金郡、杨泰兴造、必管

233

名称：鼓形錾龙纹圈足笔架
尺寸：长10cm
年代：清
款识：广明、净水

234

名称：上圆下方形笔架
尺寸：高41cm
年代：清

235

名称：六方起凸形水盂
尺寸：直径11cm
年代：清

236

名称：鱼形镶料珠包紫石砚盒
尺寸：长21cm
年代：清
款识：潮阳、颜茂和、老店、点铜

237

名称：八角形嵌铜人物花鸟纹包石砚盒
尺寸：直径9cm
年代：清
款识：潮阳、颜茂和、老店、点铜、金城、正利造

238

名称：长方倭角形刻花鸟纹文房盒
尺寸：长33cm
年代：清
款识：汕头、永义和、广东省城、真料点铜

239

名称：长方青铜器形镶宝石嵌铜花鸟纹砚盒
尺寸：长11.5cm
年代：清
款识：潮阳、永义和、广东省城、真料点铜

240

名称：上圆下方形砚台
尺寸：高16.6cm
年代：清

241

名称：长方形小砚屏
尺寸：高13cm
年代：民国

供具

243

名称：方形嵌铜福寿二龙戏珠花鸟纹五供（1套5件）
尺寸：高28cm
年代：清

244

名称：方形錾人物、狮、龙、花卉纹五供（1套5件）
尺寸：高36cm
年代：清
款识：广友

245

名称：圆形镶料珠花鸟纹执式烛台（对）
尺寸：高19cm
年代：清

246

名称：圆形五供（1套5件）
尺寸：高43cm
年代：清

247

名称：方形嵌铜福寿花鸟纹五供（1套5件）
尺寸：高30cm
年代：清

248

名称：镂空形镶料珠壁式三供(3件)
尺寸：高24cm
年代：清

249

名称：长方形镶料珠文字花卉纹壁式签筒（对）
尺寸：高28cm
年代：清

250

名称：圆鼎形双耳三足香薰
尺寸：高17cm
年代：清
款识：德利昌造

251

名称：圆形三足盖式香薰
尺寸：高18cm
年代：清
款识：周鸿记

252

名称：圆形三足鼎式薰炉
尺寸：高23cm
年代：清
款识：广顺号造

253

名称：长方形双耳錾二龙戏珠纹香薰炉
尺寸：高13cm
年代：清
款识：广友

254

名称：长方形嵌铜麒麟纹香薰炉
尺寸：高12cm
年代：清

255

名称：长方形四足嵌铜二龙戏珠纹香薰炉
尺寸：高17cm
年代：清

256

名称：方形刻文字竹纹香薰
尺寸：长7cm×宽7cm
年代：清
款识：潮阳同顺、店住汕头、点铜
备注：带木座

257

名称：方形錾刻文字花卉纹三层薰盒
尺寸：高13cm
年代：清
款识：潮阳、颜义和、正老店、真料点锡

258

名称：方形四足錾刻蝠寿花鸟纹香薰
尺寸：高10cm
年代：清
款识：潮阳、颜义和、隆记、真料点锡

259

名称：双方四足形香薰
尺寸：长17cm
年代：清
款识：道口、裕盛

260

名称：圆架莲子形香薰
尺寸：高32.5cm
年代：清

261

名称：鱼形镶料珠壁式签筒（对）
尺寸：长26cm
年代：清

262

名称：圆三足形铜花卉纹香薰
尺寸：直径9cm
年代：清

263

名称：圆荷叶花形执式烛台（对）
尺寸：高27cm
年代：清

264

名称：六角形烛台（对）
尺寸：高30cm
年代：清

265
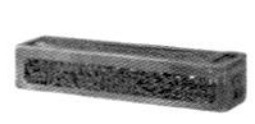
名称：长方形镂空薰笼
尺寸：长18.5cm
年代：清
款识：肇昌自造

266

名称：长方形喜字纹烛台（对）
尺寸：高36cm
年代：清
款识：信王成

267

名称：长方形四足铸福寿纹香炉
尺寸：高13cm
年代：清
款识：宋广和号

268

名称：人物形（和合二仙）纹嵌铜镶料珠烛台
尺寸：高44cm
年代：民国
款识：顺泰、锭绾、真

269

名称：六角形五层佛塔
尺寸：高62cm
年代：民国
款识：陈汉记造

烟枪具及其他用具

271		**名称：**烟枪具（套） **尺寸：**规格不等 **款识：**广顺号造	272		**名称：**模压暗八仙祭器（1套4件） **尺寸：**高32cm **年代：**明
273		**名称：**牛角形军号 **尺寸：**长43cm **年代：**明 **款识：**兵随符行、将随令转	274		**名称：**圆柱形开窗式帽筒（对） **尺寸：**高23.5cm **年代：**清 **款识：**张德升
275		**名称：**模压洋人献宝纹摆件（对） **尺寸：**高27cm **年代：**清	276		**名称：**圆形錾福寿纹手珠盒 **尺寸：**直径14cm **年代：**清 **备注：**带藤皮盒
277		**名称：**圆形阴阳八卦纹红彩围棋盒 **尺寸：**高9cm **年代：**清 **款识：**奉天省、太清宫、乙丑三、傅式钵、小北关	278		**名称：**六角形嵌铜八卦纹围棋盒 **尺寸：**高9cm **年代：**清 **款识：**天盛源造
279		**名称：**圆束颈形錾福寿纹渣斗 **尺寸：**高9.5cm **年代：**清 **款识：**前门西、珠市口、万泰德	280		**名称：**圆形镶宝石贴叶纹大朝珠盒 **尺寸：**直径18cm **年代：**清 **款识：**潮阳、颜和顺、正老店、店住汕头、真料点铜、真不二价、正双料点锡、净水、贺锡
282		**名称：**圆形镶宝石贴根叶纹朝珠盒 **尺寸：**直径14.5cm **年代：**清 **款识：**潮阳、颜和顺、正老店、店住汕头、真料点铜、真不二价	283		**名称：**圆束颈花瓶 **尺寸：**高20cm **年代：**民国 **款识：**宏宝昌记
284		**名称：**章洽顺锡器牌匾 **尺寸：**高1200cm **年代：**清	285		**名称：**义源仁号红铜铅锡牌匾 **尺寸：**高3300cm **年代：**清 **备注：**此匾为大商号的招牌，也是双面阴刻字。

后记

暑往寒来、酸甜苦辣二十余载，在朋友们的帮助与个人的努力下，本人从全国各地乃至海外拍卖市场，收集来七百多件中国老手工艺匠人用手工制做成的锡器，此姑且称“中国锡器”吧。原计划2009年出版，但当时只有三百余件藏品，可挑可选的确实少了一些，犹豫再三就这样不知不觉地又顺延了八年。现经整理，从现有的七百多件中选出部分的藏品拿出著书。

在本书即将出版之际，首先衷心地感谢北京嘉源置业投资有限公司为本书的发行给予的全额资助！

回顾以往，还要真诚地感谢故宫博物院原常务副院长杨新对我的鼓励、给予藏品的题词及为本书所作的序。同时，还要真诚地感谢北京市丰台区卢沟桥乡人民政府为我的藏品提供了一处非常好的展览场所。

在收集藏品的过程中曾得到了刘玉平、高博达、杜富全、贾文忠、孟行政、王国江、张瑞凯、陈志高、刘树生、孙建民等先生的关心。

在整理藏品的过程中得到了郝杰、侯国梁、朱福之等同志的帮助。

在整个摄影过程中得到了熊光明等老师专心致志、一丝不苟的工作支持，以及王铭总经理的关心。

在排版、印刷、出版、发行等方面得到了禹成豪总经理及编辑制作老师们的鼎力支持和精心策划。

在此就不一一道谢了。

最后要提的是，在整个收藏过程中自始至终得到了我的夫人孙桂兰、儿子张远的理解和支持。

《中国锡器珍赏》一书的出版，是对本人所收锡器作品的一个梳理，更是对老一辈手艺人表达了敬仰和尊重。这些老手艺人制作的东西，不仅体现了前人的辛勤劳作与智慧结晶，生动地展现了当时人们的生活水平与生产状况，还能给现在的人及后世留下一些念想。这些作品，无疑是中国锡器文化史上的璀璨明珠。

由于个人水平有限，本书也一定存在一些不足或疏漏之处，敬请读者及藏家给予批评指正！

张景龙

2017.3

图书在版编目（CIP）数据

中国锡器珍赏 / 张景龙著 . — 北京：文物出版社，2017.3

ISBN 978-7-50´0-4766-6

Ⅰ.①中… Ⅱ.①张… Ⅲ.①锡－金属器物－中国－图集

Ⅳ.① K876.402

中国版本图书馆 CIP 数据核字 (2016) 第 221812 号

中國錫器珍賞

著　　者：张景龙
责任编辑：李　睿
责任印制：陈　杰
出版发行：文物出版社
地　　址：北京市东直门内北小街2号楼
邮　　编：100007
网　　址：www.wenwu.com
邮　　箱：web@wenwu.com
印　　刷：北京天恒嘉业印刷有限公司
经　　销：新华书店
开　　本：787 × 1092　1/8
印　　张：40
版　　次：2017年3月第1版
印　　次：2017年3月第1次印刷
书　　号：ISBN 978-7-5010-4766-6
定　　价：800.00元

ISBN 978-7-5546-0577-6

定价：800.00元